Caminhos de diálogo para uma Igreja em saída

Dados Internacionais de Catalogação na Publicação (CIP)
(Câmara Brasileira do Livro, SP, Brasil)

Wolff, Elias
　　Caminhos de diálogo para uma Igreja em saída / Elias Wolff. – Petrópolis, RJ : Vozes, 2023.

　　Bibliografia.
　　ISBN 978-85-326-6588-1

　　1. Diálogo – Aspectos religiosos 2. Igreja Católica – Aspectos sociais 3. Igreja – Cristianismo I. Título.

23-161743 　　　　　　　　　　　　　　　　　　　CDD-282

Índices para catálogo sistemático:
1. Igreja Católica : Doutrinas : Cristianismo 282

Tábata Alves da Silva – Bibliotecária – CRB-8/9253

Elias Wolff

Caminhos de diálogo para uma Igreja em saída

EDITORA VOZES

Petrópolis

© 2023, Editora Vozes Ltda.
Rua Frei Luís, 100
25689-900 Petrópolis, RJ
www.vozes.com.br
Brasil

Todos os direitos reservados. Nenhuma parte desta obra poderá ser reproduzida ou transmitida por qualquer forma e/ou quaisquer meios (eletrônico ou mecânico, incluindo fotocópia e gravação) ou arquivada em qualquer sistema ou banco de dados sem permissão escrita da editora.

CONSELHO EDITORIAL

Diretor
Volney J. Berkenbrock

Editores
Aline dos Santos Carneiro
Edrian Josué Pasini
Marilac Loraine Oleniki
Welder Lancieri Marchini

Conselheiros
Elói Dionísio Piva
Francisco Morás
Gilberto Gonçalves Garcia
Ludovico Garmus
Teobaldo Heidemann

Secretário executivo
Leonardo A.R.T. dos Santos

Editoração: Maria da Conceição B. de Sousa
Diagramação: Monique Rodrigues
Revisão gráfica: Lorena Delduca Herédias
Capa: Kaylane Candian

ISBN 978-85-326-6588-1

Este livro foi composto e impresso pela Editora Vozes Ltda.

SUMÁRIO

Siglas, 7

Prefácio, 9

Introdução, 15

Parte I – A Igreja Católica em saída ao encontro de outras Igrejas, 19

1 Saída de si mesma, no horizonte de reformas, 21

    1.1 Uma aspiração histórica, 22

    1.2 Impulsionada no pontificado de Francisco, 26

2 A ecumenicidade das reformas eclesiais no pontificado de Francisco, 29

    2.1 Horizonte teológico-doutrinal, 29

        2.1.1 Refontalização da fé, 29

        2.1.2 Distinção entre forma e conteúdo da verdade cristã, 31

        2.1.3 A hierarquia das verdades, 34

    2.2 Horizonte eclesiológico, 36

        2.2.1 Olhar positivo sobre o pluralismo eclesial, 38

        2.2.2 O primado da Igreja local na *communio* universal, 44

        2.2.3 O ministério petrino no diálogo ecumênico, 48

        2.2.4 Um ministério petrino para todas as Igrejas?, 56

    2.3 Horizonte pastoral e missionário, 59

        2.3.1 A missão como ecumenismo da misericórdia, 60

        2.3.2 A concretude do ecumenismo nas estruturas da missão, 61

Conclusão da parte I, 73

Parte II – Sair ao encontro das religiões e das culturas, 75

1 Desafios da realidade sociorreligiosa atual à Igreja em saída, 79

2 O religioso como constitutivo do humano, 83

3 A teologia das religiões: do Vaticano II ao princípio pluralista, 87

4 Dialogando no estilo de Francisco, 93

    4.1 Assumir "a coragem da alteridade", 95

    4.2 Abertura para o reconhecimento teológico das religiões, 99

    4.3 Um diálogo amplo e plural, 101

5 Dimensões do diálogo inter-religioso na Igreja em saída, 105

    5.1 Dimensão sociocultural, 105

    5.2 Dimensão teológica, 110

    5.3 Dimensão espiritual, 113

    5.4 Dimensão missionária, 115

6 O encontro e o diálogo na verdade das religiões, 119

    6.1 Cada religião na sua verdade, 121

    6.2 Critérios da verdade religiosa, 122

7 O encontro e o diálogo como cultura, 127

    7.1 O des-encontro das culturas nas sociedades atuais, 127

    7.2 Por uma "cultura do encontro", 129

    7.3 Por uma "cultura do diálogo", 132

    7.4 A educação para o encontro e o diálogo, 134

8 Dois projetos ecumênicos, inter-religiosos e interculturais urgentes, 137

    8.1 O cuidado da Casa Comum, 137

    8.2 O Pacto Educativo Global, 139

Conclusão da parte II, 141

Conclusão geral, 145

Posfácio, 149

Referências, 155

Índice remissivo, 169

SIGLAS

AA – *Apostolicam Actuositatem*

AG – *Ad Gentes*

Aosb – Assembleia Geral Ordinária do Sínodo dos Bispos

Arcic – Anglican Roman-Catholic International Comision (Comissão Internacional Anglicana-Católica Romana)

CA – *Centesimus Annus*

CC – Comissão Católica

CD – *Christus Dominus*

CEP – Congregação para a Evangelização dos Povos

Cese – Coordenadoria Ecumênica de Serviço

CIC – Código de Direito Canônico

Cicl – Comissão Internacional Católico-Luterana

Cico – Comissão Internacional Católico-Ortodoxa

CMI – Conselho Mundial de Igrejas

CNBB – Conferência Nacional dos Bispos do Brasil

CoA – Confissão de Augsburgo

Conic – Conselho Nacional de Igrejas Cristãs do Brasil

CV – *Christus Vivit*

DA – Diálogo e Anúncio

DCE – *Deus Caritas Est*

DH – *Dignitatis Humanae*

DM – Diálogo e Missão

DV – *Dei Verbum*

EG – *Evangelii Gaudium*

ES – *Ecclesiam Suam*

FT – *Fratelli Tutti*

GE – *Gaudete et Exultate*

GS – *Gaudium et Spes*

Iarccum – International Anglican-Roman Catholic Commission for Unity and Mission (Comissão Internacional Anglicana-Católica Romana para Unidade e Missão)

Ieab – Igreja Episcopal Anglicana do Brasil

LG – *Lumen Gentium*

LS – *Laudato Si'*

Mercic – Comissão Internacional Metodista-Católica Romana

NA – *Nostra Aetate*

ODS – Objetivos de Desenvolvimento Sustentável

OE – *Orientalium Ecclesiarum*

PC – *Perfectae Caritatis*

PCDI – Pontifício Conselho para o Diálogo Inter-religioso

PCPUC – Pontifício Conselho para a Promoção da Unidade dos Cristãos

PO – *Presbyterorum Ordinis*

QAm – Querida Amazônia

RM – *Redemptoris Missio*

SNC – Secretariado para os Não Cristãos

SC – *Sacrosanctum Concilium*

UR – *Unitatis Redintegratio*

UUS – *Ut Unum Sint*

PREFÁCIO

Diante das prementes realidades humanas que confrontavam a identidade e a missão da Igreja, o papa São João XXIII respondeu convocando um concílio. O espírito de oração e a metodologia aplicada quebraram paradigmas. Por isso, afirma-se que o Concílio Vaticano II foi um novo Pentecostes para a Igreja Católica, influenciando a sociedade e dialogando com outras religiões e as culturas dos povos. Os documentos conciliares expressam isso no árduo trabalho de consulta e reflexão sobre questões dogmáticas, doutrinais, litúrgicas, eclesiais, pastorais, humanas, sociais e religiosas, entre outras.

À pergunta sobre a identidade da Igreja, a Constituição *Lumen Gentium* responde como sendo mistério, sinal e sacramento da união com Deus e da unidade de todo o gênero humano (LG 1). A vocação a ser sacramento da unidade descreve uma função que será posteriormente concretizada por meio do diálogo e da procura de espaços de encontro com as diferentes Igrejas e religiões. A Declaração *Nostra Aetate* afirma: "No seu dever de promover a unidade e a caridade entre os homens, ou melhor entre os povos, [a Igreja] antes de tudo considera tudo o que os homens têm em comum e o que os move a viverem juntos o próprio destino" (NA 1).

A nova compreensão de sua identidade rompe com a antiga concepção de que a Igreja Católica era a única possuidora da verdade e que fora dela não havia salvação. As consequências das guerras mundiais deixaram claro que a Igreja sozinha não poderia avançar na construção de uma fraternidade universal. O sofrimento do Holocausto que o povo judeu irmão sofreu levou ao reconhecimento de que "os homens constituem todos uma só comunidade" (NA 1). E também que "Os homens esperam das várias religiões respostas para os enigmas da condição humana" (NA 1). Em outras palavras, o valor e a autenticidade de outras vozes são reconhecidos. A voz eclesial não é considerada a única verdadeira. Isso foi possível porque os Padres Conciliares ouviram e recolheram as experiências humanas que indicavam sinais de mudança, os "sinais dos tempos" (GS 4,11), descobrindo neles a presença silenciosa do Espírito Santo nas realidades humanas, a *semina verbi* (AG 11, 15). A nova visão mudou a forma de como os católicos se relacionam com a humanidade multicultural e diversa em suas expressões religiosas:

> A Igreja Católica nada rejeita do que nessas religiões existe de verdadeiro e santo. Olha com sincero respeito esses modos de agir e viver, esses preceitos e doutrinas que, embora se afastem em muitos pontos daqueles que ela própria segue e propõe, todavia, refletem não raramente um raio da verdade que ilumina todos os homens (NA 2).

A missão da Igreja, povo de Deus cuja cabeça é Cristo, realiza-se no meio dos diversos povos, raças, culturas, guiada pelo Espírito na chave do diálogo e do encontro. Hoje, como no passado, muitos sinais nos mostram que a nossa Igreja precisa de *aggiornamento*.

Nesse sentido, o Papa Francisco retoma, após o pontificado de São João Paulo II e Bento XVI, a eclesiologia do povo de Deus e a reforma do Concílio Vaticano II iniciada por São Paulo VI. A sua carta de apresentação foi a Exortação Apostólica *Evangelii Gaudium* (2013), promovendo com alegria a dimensão missionária dos fiéis a caminho das periferias. Tem-se dedicado a promover o espírito de uma Igreja "inquieta", que supera todas as formas de autorreferencialidade e se deixa interpelar pelas vicissitudes da história. Nas encíclicas *Laudato Si'* (2015) e *Fratelli Tutti* (2020) ele ampliou o horizonte do diálogo e da ação comum ao incorporar o cuidado da Casa Comum e o chamado a construir uma fraternidade universal.

Numa humanidade ferida por divisões e discórdias e na qual a Igreja sofre os mesmos embates, Francisco propõe a antiga prática da metodologia sinodal. Baseia-se na escuta, no diálogo e no discernimento da realidade, pois "Deus se reconhece na experiência da vida real". Incentiva para que cada pessoa batizada se envolva na transformação eclesial e social de que a Igreja necessita, o que requer conversão pessoal e comunitária. A conversão é fruto de uma vida com "sabor evangélico", como propõe o Papa Francisco na Carta Encíclica *Fratelli Tutti* (FT 1).

A implementação do processo sinodal que estamos vivendo não é apenas para o bem da Igreja, mas também um serviço à humanidade, confrontada com divisões e tensões paralisantes. Por isso, o objetivo de caminhar juntos contribui para reconhecer, valorizar e reconciliar as diferenças em um plano superior no qual cada uma das partes possa manter o melhor de si.

Estamos trilhando o caminho rumo ao Sínodo da Sinodalidade em 2024, com as diversas fases propostas pela secretaria-geral do Sínodo. O documento de trabalho para a etapa continental contém os frutos da primeira fase, e destaco uma das contribuições:

> a sinodalidade deixou de ser um conceito abstrato e adquiriu o rosto de uma experiência concreta; saborearam o seu sabor e querem continuar a fazê-lo: "Através deste processo descobrimos que a sinodalidade é uma forma de ser Igreja; é mais, o jeito". "O Espírito Santo nos pede para sermos mais sinodais" (EC Inglaterra e País de Gales).

Isso explicita em poucas palavras uma compreensão viva da sinodalidade como um modo de ser dinâmico e inacabado. A presença do Espírito Santo na Igreja naturalmente a empurra para a sinodalidade, para caminhar juntos, em todas as suas dimensões e para a conversão de atitudes e modos de relacionamento não evangélicos. Consiste em amar os diferentes como irmãos de maneira crível, e assim desenvolver uma verdadeira catolicidade. Para isso é preciso assumir as diferenças que existem dentro da Igreja como uma riqueza, e não como um impedimento. Consequentemente, isso exige uma mudança de atitudes baseadas no amor fraterno, na bondade e na busca do bem do(a) outro(a) para tornar possível a cultura do encontro. A "conversão sinodal" *ad intra* na Igreja tornará crível o empenho eclesial na obra ecumênica. Em outras palavras, o atual processo sinodal é uma oportunidade eclesial para explorar novos caminhos no diálogo inter-religioso e ecumênico.

No marco desse processo sinodal e da celebração do décimo aniversário do Papa Francisco [eleito em março de 2013], o Professor Elias Wolff nos oferece este livro no qual analisa as implicações de uma Igreja em saída para o diálogo ecumênico, inter-religioso e intercultural. Este estudo é muito pertinente porque convida o leitor a refletir sobre os desafios atuais que a Igreja têm no processo do diálogo nesses três horizontes.

As perguntas que o autor se faz e que orientam seu estudo estão relacionadas às implicações da proposta de uma Igreja que sai ao encontro de outras denominações religiosas e das culturas dos povos. Também ela tem necessidade de fazer alianças, caminhar junto com outras formas de crer, cristãs ou não, e as diversas culturas em vista da promoção do bem comum na humanidade.

O convite de Francisco para uma reforma e conversão pessoal e pastoral que aprofunde o significado de todo o povo de Deus como protagonista dos processos, impele-nos a explorar novos espaços de encontro com outras confissões religiosas. Esta publicação contribui para aprofundar este tema, aberto à esperança de que algo novo aconteça nesse processo, e consciente da grandiosidade de seus desafios.

Na primeira parte deste estudo o autor deixa claro que as reformas eclesiais, a Igreja em saída e o ecumenismo se exigem mutuamente. O novo jeito de ser Igreja baseia-se no diálogo e na cooperação para defender a vida humana e a fraternidade universal, para o que contribui a proposta do Pacto Educativo Global.

Na segunda parte enfatiza que a saída da Igreja, guiada pelo Espírito, terá como horizonte a busca de convergências e consensos na fé entre as diversas tradições cristãs e o cuidado da nossa única Casa Comum, o que integra as religiões e as culturas. Para isso, é preciso construir uma fraternidade universal entre os povos, reconhecendo que todos somos irmãos e respeitando suas culturas e suas crenças.

Conclui-se este estudo, que contém uma rica bibliografia ecumênica, com questões abertas sobre o presente e o futuro do processo de reforma na Igreja em saída, iniciado pelo Papa Francisco, revivendo o espírito do Concílio Vaticano II.

A reforma de dentro para fora é necessária, urgente e sem volta. A tensão da saída *ad intra* no caminho sinodal não superou as divisões internas, a polarização que rompe a unidade e ameaça deixar Francisco sozinho nesse processo. Em sua homilia para a Festa de Pentecostes 2023, Francisco nos lembra que "o Espírito Santo se opõe ao espírito de divisão porque é harmonia; é um Espírito de unidade que traz a paz".

Sabemos que as adversidades nos fazem crescer como comunidade eclesial quando seguimos as sugestões do Espírito e discernimos a sua ação. Por isso, precisamos avançar com humildade e transparência (cf. Fl 2,3), reconhecendo nossas fortalezas e debilidades no processo de diálogo e reestruturação interna. Esta forma de proceder restaura nossa credibilidade e respeito como instituição eclesial para cooperar com outras instituições religiosas na solução dos grandes problemas que afligem a humanidade. Com esta atitude evangélica podemos sair *ad extra* para responder aos desafios que temos em comum com outras religiões e as culturas.

Convido à leitura das páginas deste livro com o coração aberto, deixando que o Espírito continue a dar-nos motivos para renovar a nossa esperança nos caminhos do diálogo. "Ele é a alma da Igreja", e não estamos sozinhos. Ele ensina o caminho para a construção de uma cultura do encontro através do diálogo "com mansidão e respeito" (1Pd 3,16), "em paz com todos os homens" (Rm 12,18), vencendo "o mal com o bem" (Rm 12,21), sem se cansar nem desanimar "de fazer o bem" (Gl 6,9), sendo homens e mulheres dispostos a cuidar da nossa Casa Comum.

Façamos nossa a oração ecumênica de Francisco no final de Encíclica *Fratelli Tutti*, que nos convida a clamar numa só voz:

> Vinde, Espírito Santo! Mostrai-nos a vossa beleza refletida em todos os povos da terra para descobrirmos que todos são importantes, que todos são necessários, que são rostos diferentes da mesma humanidade amada por Deus. Amém.

Dra. Maria del Pilar Silveira
Boston College School of Theology and Ministry – EUA

INTRODUÇÃO

A Igreja Católica vive grandes expectativas com o pontificado do Papa Francisco. Trata-se de um momento eclesial em que se tem a expectativa, e a esperança, que algo novo está acontecendo, com forte potencial de impacto em diversos âmbitos estruturais e institucionais, impelindo a uma reconfiguração. Termos como renovação, reforma, conversão, saída, diálogo e sinodalidade fazem parte do vocabulário cotidiano de Francisco. Não sem resistências, as propostas reformadoras do papa argentino começam a ganhar forma após 10 anos de pontificado. E provocam a sua assimilação sobretudo pelos setores e lideranças eclesiásticas que têm a responsabilidade de contribuir com o papa no discernimento dos caminhos pelos quais a Igreja precisa percorrer, bem como do jeito de caminhar. Isso é fundamental para inserir a Igreja no atual contexto histórico em que a fé é compreendida e vivida, bem como para expressar o universo semântico e prático no qual são feitas as propostas de uma Igreja em saída.

No décimo ano do seu governo na maior tradição eclesial do mundo cristão, o Papa Francisco, na altura dos seus 86 anos de idade, mostra-se com singular jovialidade, leveza, energia, dinamismo e criatividade no exercício do seu ministério. Longas viagens, celebrações e reuniões são vividas com uma intensidade que em muito pouco manifesta as limitações da longevidade. O papa vive "a alegria do Evangelho" e dele recebe a força e a inspiração necessárias para a sua missão. Naturalmente, conhece os limites, tanto pessoais quanto estruturais, mas tem uma singular consciência da sua responsabilidade na busca de meios para superá-los. Urge fortalecer a Igreja na coerência e fidelidade à missão de testemunhar o Evangelho.

Trata-se de uma *Igreja em saída,* com três fidelidades fundamentais:

1) *Ao Evangelho do Reino,* razão da fé e da missão da Igreja. O Evangelho mostra ambiguidades da instituição eclesial que, ao mesmo tempo em que serve à mensagem do Reino, também pode dificultar a explicitação clara dessa mensagem. É à luz do Evangelho que a Igreja se propõe em saída, num processo dialógico e sinodal, para testemunhar no mundo o reino do qual ela é sacramento e sinal. A saída é, primeiramente de si mesma, superando toda autorreferencialidade, para centrar-se no Evangelho. É o Evangelho que indica o que precisa ser mudado na Igreja para que haja coerência entre o seu *modus essendi* e o *modus operandi* na perspectiva do Reino.

2) A segunda fidelidade é *ao Concílio Vaticano II* (1962-1965). Esse concílio afirma que a Igreja tem necessidade de "reforma perene", e mudança e conversão (UR 6; LG 8). É no horizonte conciliar que a Igreja em saída se realiza, e o papa argentino lamenta que "estamos muito atrasados nisso". Urgindo uma retomada do Vaticano II, a proposta eclesial de Francisco revisa o que dificulta e o que possibilita viver o ensino conciliar. Destaca-se aqui o processo de "conversão pastoral" (EG 25-26) em perspectiva missionária. Tudo na Igreja existe em vista da missão.

3) A terceira fidelidade é *ao tempo presente,* buscando discernir os sinais que manifestam desafios, interpelações e possibilidades para o testemunho da fé cristã. No conjunto das reformas propostas, o papa não tem medo de redimensionar também o pensar teológico e doutrinal, assumindo categorias e linguagens que melhor ajudem a Igreja a dialogar com o tempo presente. E isso sustenta a sua ação evangelizadora nesse tempo, respondendo às exigências que se apresentam hoje para a fé e a missão. Dessas exigências, o Papa Francisco aponta para a urgência do cuidado da criação como Casa Comum (LS), e da construção da fraternidade humana universal (FT). Esta é condição para a afirmação da fé em Deus, que sustenta o viver e o conviver pacificamente entre pessoas, povos e o conjunto da criação. E nessa direção está a proposta do Sínodo sobre a Sinodalidade e do Pacto Educativo Global, metas *ad intra* e *ad extra* da Igreja em saída.

Essas fidelidades são a razão maior das mudanças que o Papa Francisco propõe para a Igreja Católica. Isso ganha concretude numa palavra-chave: "conversão". O Papa Francisco propõe um caminho de conversão para a Igreja como um todo, em diferentes âmbitos: pessoal, estrutural, pastoral, teológico/doutrinal, espiritual. A lógica é: um novo modo de ser cristão/ã se dá por uma conversão pessoal que influencia numa nova organização eclesial pela conversão estrutural, e leva a uma conversão pastoral com novas práticas de evangelização. Tal não acontece em momentos separados; esses âmbitos da conversão/mudanças se implicam e se sustentam mutuamente. Fundamental para isso é que se assuma a disposição de *saída,* pelo que se percebe que algo de novo está acontecendo na Igreja Católica em nossos dias, no pontificado de Francisco.

É importante analisar as implicações da proposta de uma Igreja em saída para o diálogo ecumênico, inter-religioso e intercultural. Daí emergem questões que este livro busca responder: Como a Igreja em saída de si mesma pode caminhar melhor na direção do encontro e do diálogo com outras Igrejas e as religiões? Quais e como as propostas reformadoras do Papa Francisco impulsionam o ecumenismo como busca da unidade na fé cristã? Como impulsionam a convivência e a cooperação entre as diferentes religiões? Como possibilitar mudanças na Igreja que sejam favoráveis à "cultura do encontro" e à "cultura do diálogo" entre pessoas e povos? As respostas a tais questões serão buscadas em três principais fontes: no ensino e nas iniciativas práticas do Papa Francisco; na recepção pelas Igrejas locais do seu magistério; nos encontros do papa com lideranças de Igrejas e de religiões. É na medida em que aí se verifica de onde e para onde a Igreja coloca-se numa postura de saída, que identificamos a sua contribuição para o diálogo ecumênico, inter-religioso e intercultural.

Este estudo acontece na perspectiva do Concílio Vaticano II, que o Papa Francisco busca revigorar. A partir desse concílio, a natureza e a identidade da Igreja Católica são afirmadas de modo dialogal, reconfigurando o catolicismo através de suas relações com o mundo, as Igrejas e as religiões. O Papa João XXIII entendia esse processo como *aggiornamento,* e Francisco fala de reforma, diálogo e conversão. Ambos inserem definitivamente a Igreja no movimento ecumênico, no diálogo com as religiões e as culturas. "Diálogo" tem aqui sentido amplo, tal como seus parceiros e as pautas de discussão. E torna-se o caminho pelo qual a Igreja avança na fidelidade ao discipulado de Cristo. A Igreja sai em direção de outras Igrejas, das religiões e das culturas assumindo o diálogo como projeto eclesial, de modo que a ecumenicidade e a dialogicidade tornam-se elementos constitutivos do seu *modus operandi et essendi* para o nosso tempo.

Estruturamos o nosso estudo em duas partes: na primeira, fazemos a análise do vínculo entre reformas na Igreja Católica e o seu compromisso ecumênico, entendido com o Vaticano II como "esforços e iniciativas, que são suscitadas e ordenadas, segundo as várias necessidades da Igreja e oportunidades dos tempos, no sentido de favorecer a unidade cristã" (UR 4). Na segunda parte, verificamos como a Igreja em saída relaciona-se com as religiões e as culturas do nosso tempo, buscando o diálogo e a cooperação para o cuidado da Casa Comum e para um mundo que seja *Fratelli Tutti*.

Agradeço ao Conselho Nacional de Desenvolvimento Científico e Tecnológico – CNPq Brasil pelo apoio a esta pesquisa por meio da concessão de uma Bolsa de Produtividade em Pesquisa – PQ 2 – Chamada n. 09/2022.

PARTE I

A IGREJA CATÓLICA EM SAÍDA
AO ENCONTRO DE OUTRAS IGREJAS

Na Exortação *Evangelii Gaudium* o Papa Francisco usa a expressão "Igreja em saída" para exprimir seu projeto para a Igreja em nosso tempo. *Sair* significa passar de uma Igreja autorreferencial e autocentrada para a uma Igreja aberta à alteridade sociocultural, eclesial e religiosa. Trata-se de uma "nova 'saída' missionária" (EG 20), na qual a Igreja busca "primeirear" nos caminhos de uma cultura do encontro e do diálogo, em vista de parcerias por um mundo que seja *Fratelli Tutti*. Francisco sabe que isso requer uma reconfiguração do *modus essendi et operandi* da Igreja, delineando um novo perfil eclesial, que sustenta sua convicção de fé e sua missão, como fidelidade ao Evangelho e ao projeto salvífico que Deus tem para a humanidade toda.

1

SAÍDA DE SI MESMA, NO HORIZONTE DE REFORMAS

Assim, no pontificado de Francisco, "Igreja em saída" é um paradigma eclesiológico que reconfigura a Igreja por novas experiências de relações *ad intra* e *ad extra*. Para isso, a Igreja precisa passar por um processo de reformas que a levem a rever mentalidade, estruturas e práticas, como propõe o papa argentino: "Sonho com uma opção missionária capaz de transformar tudo" (EG 27). A finalidade é para que tudo na Igreja seja "um canal proporcionado mais à evangelização do mundo atual do que à autopreservação" (EG 27). As reformas pretendem ajudar a Igreja a abandonar a rigidez autodefensiva ou o refúgio nas próprias seguranças (cf. EG 45). Trata-se de um processo de conversão, com a retomada do ensino conciliar sobre a necessidade de uma "reforma perene" (UR 6) na Igreja. Em seu estado peregrinante, ela não é perfeita e sofre "deficiências, quer nos costumes, quer na disciplina eclesiástica, quer também no modo de enunciar a doutrina" (UR 6). Então o Vaticano II orienta para que "tudo seja reta e devidamente reformado no momento oportuno" (UR 6). E o Papa Francisco entende que chegou a hora de mudanças na Igreja para,

> antes de mais nada, torná-la *con-forme* à Boa-nova, que deve ser proclamada [...] *con-forme* aos sinais do nosso tempo [...] para melhor atender às exigências dos homens e das mulheres que somos chamados a servir (FRANCISCO, 22/12/2016).

Não é necessário muito esforço para perceber que isso tem implicações para toda a Igreja, como continuidade nos nossos tempos do *aggiornamento* teológico, institucional e pastoral proposto pelo Vaticano II. A Igreja é chamada a ser sempre mais perfeita em graça e santidade, numa profunda comunhão de amor entre as pessoas que expresse a comunhão no amor que existe em Deus Uno e Trino. E nesse esforço existe um dinamismo próprio de mudanças que a tornam mais fiel à sua missão nos diferentes tempos e contextos da história. Reforma, nesse sentido, é algo próprio da Igreja enquanto organismo vivo, dinâmico, criativo, movida pelo Espírito nos caminhos do Reino. Portanto, as reformas são necessárias todas as vezes em que a Igreja sentir que deve aprimorar suas estruturas para acolher todas as pessoas, indistintamente, bem como suas condições de interpretar os "sinais dos tempos" (GS) em resposta às exigências do Evangelho da "vida em abundância" (Jo 10,10).

1.1 Uma aspiração histórica

A aspiração por reformas não é estranha no catolicismo e atravessa toda a sua história, com diferentes matizes, contextos e protagonistas. No período patrístico, Tertuliano, por exemplo, afirmou "Dominus noster Christus veritatem se, non consuetudinem, cognominavit" (*De virginibus velandis*, 1). Essa ideia encontra-se também em Cipriano e Agostinho, entre outros, e ao longo da história do cristianismo ela ganha expressão nos meios populares, em concílios e em iniciativas de autoridades eclesiásticas. Exemplo disso é o movimento dos pobres, místicos e carismáticos, no período medieval, que buscam uma vida simples, na pureza do Evangelho e na vida em comunidade, com forte zelo na pregação e no serviço. Personagens místicas como Matilde de Magdeburgo (1207/1210-1282/1294), Mestre Eckhart (1260-1328) e Catarina de Sena (1347-1360) exigiram a conversão do papado e da Igreja como um todo, caracterizada pela pobreza, liberdade de todo poder temporal, radicalidade evangélica. Algumas dessas posturas são condenadas, e seus representantes são perseguidos (albigenses, cátaros, valdenses) e mortos (p. ex., J. Hus, 1369-1415).

Outras são absorvidas pela instituição eclesial e nela integradas (franciscanos, dominicanos, servitas, carmelitas). O IV Concílio de Latrão (1215) e as teses conciliaristas de Constança (1414-1418) e Basileia (1431-1439) propuseram reformas *in fide et in moribus, in capite et in membris*, como também a reforma gregoriana (séc. XI). O fracasso na sua concretização significou a perda de oportunidades privilegiadas no nível eclesial-comunitário, nos âmbitos doutrinal, espiritual, institucional e missionário.

No século XVI, Lutero não colocou inicialmente o problema de reforma na Igreja. Havia dois outros problemas centrais em suas posições: o primeiro, e o principal, era o clima religioso do seu tempo, marcado pelo antropocentrismo teológico que afirmava o ser humano com poder de cumprir o necessário para tornar-se aceito e agradável a Deus, que o salva. Expressões disso eram as nas práticas de piedade popular, muitas das quais na esteira da superstição; o excessivo poder das autoridades eclesiásticas; o distanciamento entre o pregado e o vivido na Igreja, sobretudo pelo clero, que se encontrava em situações morais extremamente frágeis. A questão das indulgências entra nesse contexto, mas não são a causa das controvérsias, e sim sua expressão.

Nesse contexto, Lutero apresenta um segundo problema teológico: a dúvida sobre como obter a salvação. Em sua exegese da afirmação de Paulo em Rm 1,17, "O justo vive da fé", Lutero entende que a justiça da qual o crente vive não é humana ou eclesiástica, mas "da fé", a qual nos vem como dom gratuito de Deus. Assim, "para ele [Lutero] é essencial crer que seja Deus quem justifica, e frente a Ele se deve quebrar toda arrogância humana" (VALDMAN, 1984, p. 85). Então Lutero questiona as mediações eclesiásticas apresentadas como *conditio sine qua non* para ser justificado, e propõe o tripé *sola fides, sola gratia, sola Scriptura*. Entre as consequências teológicas da ideia da justificação unicamente por graça e fé em Jesus Cristo, temos em Lutero a refutação da tese de um tesouro de graças e méritos; o acento na dimensão invisível da Igreja; a misericórdia de Deus que, ao perdoar a pessoa, torna-a justa, sem remeter à culpa do pecado; a afirmação de apenas dois sacramentos. As 95 teses apresentadas queriam discutir tais questões e propunham reformas estruturais no aparato canônico e no institucionalismo eclesiástico, afirmando o sacerdócio comum dos fiéis frente ao acento hierárquico dos ministérios, a prioridade da Bíblia como norma de fé frente às doutrinas, o demasiado apego a práticas de piedade que confundem a fé com o devocionalismo. Lutero centra a Igreja de Cristo na vivência da Palavra e dos sacramentos – Batismo e Ceia –, condições para o ser histórico da Igreja que se realiza por um legítimo pluralismo de formas, ritos e estruturas (CoA, art. 7).

Melâncton, Calvino e outros propõem acentos específicos à reforma luterana, sem sair desses elementos centrais. O que se buscava era afirmar uma relação direta entre os fiéis e Cristo, numa eclesiologia horizontal da comunidade cristã. São sensibilidades diferentes da eclesiologia romana, indicando mais a Igreja como acontecimento do que como instituição, a fé mais vinculada às Escrituras do que aos sacramentos, a vida cristã vivida num horizonte mais místico e espiritual do que na observação de normas, cânones, doutrinas e estruturas. A doutrina das "duas espadas" é contestada pela distinção dos dois reinos, e o ar triunfal da instituição e da hierarquia pela doutrina sobre a cruz.

Nunca houve uma compreensão unívoca de reforma na Igreja e muito menos um modelo único para tanto. E a falta de clareza da sua natureza, dos objetivos, dos critérios e das mediações instrumentais, bem como a descontextualização dos processos socioculturais e políticos, não só frustrou muitas das iniciativas por reformas eclesiais, como também as colocou num horizonte idealista. Em alguns casos, as aspirações por mudanças que melhor qualificassem o ser e o agir da Igreja acabaram dividindo-a, o que significou mais perdas do que ganhos para o corpo eclesial.

No âmbito católico romano, foi a partir do século XIX que surgiram reais possibilidades de redimensionamento no pensamento teológico e na organização estrutural da Igreja. Contribuiu para isso a cultura do romantismo nesse século, com acento no elemento vital da vida religiosa, valorizando a experiência, a historicidade, a espiritualidade bíblica e patrística. Nessa direção estão também as teologias de Adam Mohler (cf. *Symbolica e A unidade da Igreja*) e de Henry

Newmann (cf. *O desenvolvimento da doutrina cristã*), que entram no século XX impulsionando a renovação da eclesiologia, abandonando os princípios visibilista e juridicista da "Igreja sociedade perfeita" (R. Belarmino) e centra a compreensão da Igreja em categorias como "mistério", "sacramento", "povo de Deus". Essa renovação foi influenciada pelos movimentos bíblico, patrístico, ecumênico e litúrgico, impulsionados pelo novo pensar da fé com teólogos como A. Vonier (*O povo de Deus*, 1937), H. De Lubac (*Catolicismo – Os aspectos sociais do dogma*, 1938) e Y. Congar (*Cristãos desunidos*, 1937; *Esboços do mistério da Igreja*, 1941). Na mesma direção seguem H.U. Von Balthasar, K. Rahnner, Cardeal Suenens, entre outros. O contexto cultural e filosófico, marcado pela fenomenologia e pelo existencialismo, ajuda a teologia a abandonar uma visão essencialista da realidade e superar posições absolutistas da verdade, entendendo-a como processo, o que implica relação, diálogo, interação de experiências e de saberes. No Ocidente, a sociedade secularizada afirma a autonomia entre religião e Estado, e o pluralismo cultural torna-se berço do pluralismo religioso, com reivindicação da liberdade religiosa. O movimento ecumênico, de origem protestante, é fortalecido com encontros realizados às vésperas e durante o Concílio Vaticano II, como a Assembleia do Conselho Mundial de Igrejas em Nova Delhi (1961) e a Assembleia de Fé e Constituição em Montreal (1963). A teologia das religiões tem seus primeiros ensaios em autores como J. Danielou (*Il mistero della salvezza delle nazioni*, 1954; *Les Saints Païens de l'Ancien Testament*, 1956), R.C. Zaehner (*Mysticism Sacred and Profane*, 1957), H.R. Schlette (*As religiões como tema da teologia*, 1963), K. Rahner (Cristianesimo e religioni non Cristiane. In: *Saggi di antropologia soprannaturale*, 1965).

Tais fatos repercutiram na reflexão dos Padres Conciliares, que acolheram a proposta de um efetivo *aggiornamento* da Igreja. Pela primeira vez em sua história a Igreja Católica se propõe a realizar uma convicta, global e consequente revisão de si mesma, na sua consciência teológica, na organização estrutural e na ação pastoral. Não muda o essencial, mas busca viver na essência. "Reforma" tem aqui o significado de "mudança na forma", uma mudança na continuidade, como atualização do conteúdo – *aggiornamento* – de sempre da fé católica. Essa questão tem provocado acalorados debates na hermenêutica do Concílio Vaticano II, para entender o que é a sua proposta de reforma que implica mudanças e até mesmo abandono de elementos considerados não apropriados para a compreensão da fé cristã e da Igreja em nossos tempos, e o que é reforma na conservação de elementos que expressam a fé de sempre (cf. LEFEBVRE, 2006).

1.2 Impulsionada no pontificado de Francisco

Assumindo o projeto conciliar da reforma eclesial, o Papa Francisco retoma em nossos tempos a aspiração de João XXIII de fazer com que a Igreja possa viver um novo Pentecostes, pois toda verdadeira reforma na Igreja acontece pela ação do Espírito Santo. Também recupera o que Paulo VI chamou de "nova reforma" (ES 39, 46s.) ou "renovação da Igreja" (ES 12, 55), o que foi acolhido no Vaticano II (reforma, LG 4; UR 6; renovação, UR 4). Assim, Francisco propõe uma "Igreja em saída", colocando-se à disposição do Espírito que a mantém sempre em situação de mudança, na busca do novo que acontece na perspectiva futura do Reino; uma Igreja que supere toda tentação de centrar-se em si mesma. O projeto de reforma eclesial realiza-se a partir das exigências da evangelização no tempo atual, o que significa, por sua vez, que a Igreja não apenas dá ou ensina, mas também recebe e aprende do mundo (GS 44), numa verdadeira troca de dons (GS 40). A renovação eclesial é ação do Espírito, que possibilita discernir os sinais da presença do Reino como concretização da vontade de Deus no mundo (GS 4, 11). A Igreja "em saída" assume essa proposta na dinâmica da "conversão pastoral", com reformas que tocam em todos os elementos que precisam de mudanças para que ela possa bem realizar a sua missão:

> A reforma das estruturas exigida pela conversão pastoral só se pode entender nesse sentido: fazer que todas elas se tornem mais missionárias, que a pastoral ordinária em todas as instâncias seja mais comunicativa e aberta, que coloque os agentes de pastorais em atitude constante de "saída" e, assim, favoreça a resposta positiva de todos aqueles a quem Jesus oferece sua amizade (EG 28).

Este é um texto paradigmático, que mostra a amplitude da reforma proposta no horizonte da Igreja "em saída". Dois elementos merecem destaque: a) Não há temor em provocar a *todos* na Igreja – sobretudo quem atua diretamente nas estruturas – a um dinamismo de saída da zona de conforto, de romper com uma "pastoral de conservação" e viver "uma necessidade generosa e quase impaciente de renovação" (EG 26). b) Essa renovação atinge *tudo* na Igreja, desde a paróquia (EG 28), as várias instituições eclesiais, comunidades de base, pequenas comunidades, movimentos e associações (EG 29), as Igrejas particulares (EG 30), o ministério do bispo (EG 31) e o próprio papado (EG 32). Mudanças se fazem necessárias também na linguagem teológica (EG 27) e na espiritualidade (EG 78-80). Enfim, o papa exorta a *todos* e a *tudo* para "serem ousados e criativos nesta tarefa de repensar os objetivos, as estruturas, o estilo e os métodos evangelizadores das respectivas comunidades" (EG 33).

Isso significa para a Igreja que a saída de si mesma é uma "absoluta prioridade" (EG 179), o que exige *parresia* para enfrentar o risco de ser "uma Igreja acidentada, ferida e enlameada por ter saído pelas estradas", o que é preferível a "uma Igreja enferma pelo fechamento e pela comodidade de se agarrar às próprias seguranças" (EG 49). Tal processo exige que as mudanças na Igreja não sejam parciais ou periféricas: "Para mim, a grande revolução é ir às raízes, conhecê-las e ver o que aquelas raízes têm a dizer aos dias de hoje" (GALLI, 2016, p. 41).

Não é nosso interesse tratar aqui especificamente do processo de reformas que o Papa Francisco propõe para a Igreja, o que pode ser aprofundado em outros estudos. O nosso intento é apenas situar o leitor na compreensão das reformas como saída da Igreja de si mesma e, então, compreender como isso pode favorecer as relações da tradição católica com outras Igrejas, perguntando-nos em que medida as reformas propostas pelo Papa Francisco impulsionam o ecumenismo. Tal é o que pretendemos verificar a seguir.

2

A ECUMENICIDADE DAS REFORMAS ECLESIAIS NO PONTIFICADO DE FRANCISCO

As propostas de reforma eclesial acontecem em três principais horizontes, e neles se manifestam também a sua ecumenicidade.

2.1 Horizonte teológico-doutrinal

Na direção do Concílio, a Igreja em saída propõe um redimensionamento teológico-doutrinal da fé católica, fortalecendo suas fontes bíblicas e patrísticas e enfatizando os horizontes mistérico e espiritual. A doutrina é compreendida numa ortodoxia dinâmica, superando a rigidez e o fixismo da dogmática desenvolvida num horizonte excessivamente especulativo e técnico que por séculos a engessava.

2.1.1 Refontalização da fé

Nessa busca por reforma da *forma mentis,* a Igreja em saída enraíza a identidade cristã e eclesial no cristianismo primitivo, mostrando que entre Escrituras e Tradição há uma relação de interdependência fontal para a revelação, sendo as Escrituras a *norma non normata* da tradição sucessiva da Igreja (DV 1). Trata-se do "retorno às fontes" proposto pelo Vaticano II, não como uma volta ao passado sem mais, mas um esforço de atualização com olhar para o futuro, num revigoramento da fé da Igreja, em sua raiz e sua essencialidade. Não se trata de recuperar valores anacrônicos, mas de um reencontro da Igreja consigo mesma, em sua identidade, natureza e missão. Assim, longe de retrocesso ou fechamento numa tradição estéril, a Igreja tem um reabastecimento dinâmico e criativo da sua tradição teológica e espiritual. Ensina o Papa Francisco: "sempre que procuramos voltar à fonte e recuperar o frescor do Evangelho, despontam novas estradas, métodos criativos, outras formas de expressão, sinais eloquentes, palavras cheias de significado para o mundo atual" (EG 11). A identidade da Igreja está na sua origem, na qual ela toma consciência de si mesma em Cristo. E as reformas são para purificar a Igreja do que lhe impede essa consciência, como afirmou o Papa Paulo VI nos inícios dos trabalhos da 2ª sessão do Concílio:

> A Igreja quer ver-se em Cristo como num espelho; se este olhar revelasse qualquer sombra, qualquer deficiência, que deveria ela fazer, instintiva e corajosamente? É claro: devia reformar-se, corrigir-se, esforçar-se por recuperar a conformidade com o divino modelo que constitui o seu dever fundamental (PAULO VI, 29/09/1963).

O retorno às fontes tem implicações ecumênicas positivas e mostra a necessidade de um redimensionamento teológico em todas as Igrejas. Elas precisam comungar na origem fundante da fé cristã, e a partir daí discernir os desenvolvimentos legítimos e os ilegítimos da fé cristã em cada tradição eclesial. E nisso é superada a contraposição entre Escrituras e Tradição, entendendo que o próprio Evangelho, que contém o *kerigma* primitivo, já é resultado de uma tradição cristã primitiva. Essa é uma afirmação ecumênica fundamental, ajudando, de um lado, para que as tradições protestantes não dissociem as Escrituras de seu contexto eclesial[1]. De outro lado, ajuda o magistério ca-

---

1. Vale lembrar aqui o que disse Bento XVI, no discurso ao arcebispo anglicano de Canterbury, Rowan Williams, em 23/11/2006: "É nossa ardente esperança que a comunhão anglicana permaneça alicerçada nos evangelhos e na tradição apostólica, que formam o nosso patrimônio comum [...]. O mundo precisa do nosso testemunho [...]. Que o Senhor continue a abençoar Vossa Graça e sua família, e o fortaleça no seu serviço à comunhão anglicana!" Disponível em https://www.vatican.va/content/benedict-xvi/pt/speeches/2006/november/documents/hf_ben-xvi_spe_20061123_archbishop-canterbury.html

tólico a não se colocar acima das Escrituras, mas "a seu serviço" (DV 10). Desse modo, supera-se tanto o princípio *sola Scriptura* quanto a tendência de afirmar o caráter vinculante do magistério isolado das Escrituras. Assim, as Igrejas podem se encontrar juntas no essencial da fé cristã, e podem também encontrar categorias e linguagens que favoreçam a acolhida da fé aos tempos atuais. Ao longo da história, elas foram criando doutrinas e estruturas que lhes configuraram formas de ser muitas vezes distanciadas de sua identidade e missão originais. Isso dificulta que hoje vivam uma renovada fidelidade às fontes escriturísticas e patrísticas. Retornar às fontes é recomeçar a partir de Cristo, entendendo o evento cristológico como eixo da unidade cristã. O *kerigma* primitivo é o ponto de partida e o fio condutor do diálogo entre as Igrejas. Elas precisam se perguntar como entendem e anunciam Jesus Cristo, com disponibilidade para reverem os desenvolvimentos da pregação do Evangelho em cada tradição. Para todas as Igrejas vale recordar que "permanecendo o que é, na fidelidade total ao anúncio evangélico e à tradição da Igreja, o cristianismo assumirá também o rosto das diversas culturas e dos vários povos em que for acolhido e se radicar" (EG 116). Fundamental é compreender que "a unidade das Igrejas só é possível numa unidade na verdade do Evangelho" (Cicl, 1994a, n. 1141). E a mensagem do Evangelho não se dá em primeiro lugar num horizonte eclesiológico, mas no horizonte do Reino.

2.1.2 Distinção entre forma e conteúdo da verdade cristã

Em seu discurso de abertura do Vaticano II, João XXIII orientou os Padres Conciliares para: "[...] que a Igreja não se aparte do patrimônio sagrado da verdade [...] e, ao mesmo tempo, deve também olhar para o presente, para as novas condições e formas de vida introduzidas no mundo hodierno, que abriram novos caminhos ao apostolado" (CONCÍLIO VATICANO II, 2007, p. 26). O resultado é a superação do imobilismo dogmático e da rigidez linguística outrora presente na doutrina, o que possibilita sua recepção nos diversos tempos e contextos. Isso tem implicações ecumênicas. A Igreja precisa rever a forma de apresentar hoje a própria doutrina, de modo a favorecer o diálogo com a doutrina de outras Igrejas. Isso exige de todas elas o esforço para analisarem juntas a história do cristianismo em seu passado e no presente, discernindo o essencial do contextual na verdade do Evangelho, de modo a caminharem juntas no futuro. O Papa Paulo VI, fala de uma

> contingente autoridade dos dogmas [os quais] podem ser atuais sob um outro aspecto, aquele contingente, relativo ao tempo e às condições históricas, que provocaram a definição, que emprestaram a linguagem à essa definição, que justificaram a oportunidade. Este aspecto pode diminuir com a mudança das condições históricas e culturais, às quais os dogmas, no momento preciso da sua formulação, levaram luz de verdade e remédio de autoridade canônica [logo] autoridade perene da sua verdade objetiva, atualidade contingente da sua oportunidade relativa ao nosso tempo (INSEGNAMENTI..., 1969, p. 778s.).

Em nossos dias, o Papa Francisco corrobora o ensino de João XXIII e Paulo VI, retomando palavras de João Paulo II: "a expressão da verdade pode ser multiforme. E a renovação das formas de expressão torna-se necessária para transmitir ao homem de hoje a mensagem evangélica no seu significado imutável" (UUS 19; EG 41). O papa argentino critica posturas que adotam uma linguagem ortodoxa rígida e imutável, mas sem expressar a essência do Evangelho aos ouvintes de hoje:

> Por vezes, mesmo ouvindo uma linguagem totalmente ortodoxa, aquilo que os fiéis recebem devido à linguagem que eles mesmos utilizam e compreendem, é algo que não corresponde ao verdadeiro Evangelho de Jesus Cristo [...] damos-lhes um falso deus ou um ideal humano que não é verdadeiramente cristão. Deste modo, somos fiéis a uma formulação, mas não transmitimos a substância (EG 41).

O entendimento comum e ecumênico da fé cristã exige compreender que existem condicionamentos históricos, socioculturais e religiosos nas formulações de fé e nas suas interpretações. Por isso, a verdade de fé exige constante discernimento, compreensão da historicidade da sua recepção nos diversos contextos socioculturais e religiosos. Nenhuma formulação de fé é fechada em si mesma nem prisioneira de seu contexto original, mas aberta ao devir histórico, ao futuro, o qual é, também, correlato ao seu passado. Assim é com a história humana, na qual "cada sociedade tem a sua história, e a reescreve na medida em que essa muda. O passado permanece definitivamente fixado apenas quando não tem mais um futuro" (ARON, 1965, p. 18). Desse modo, o diálogo teológico entre as Igrejas contribui para manter a fidelidade às próprias convicções de fé na mesma medida em que as atualizam para os tempos atuais. E esse esforço precisa ser conjunto, entendendo que a compreensão da fé cristã condiz com a variedade e renovadas iniciativas linguístico-semânticas de sua formulação em perspectiva ecumênica. Não se trata de buscar uma linguagem uniforme da fé, mas do reconhecimento da verdade de cada Igreja, uma vez que se reconhecem mutuamente num fundamento comum e numa hermenêutica atualizada desse fundamento. O Espírito atua na forma de ser e de agir de cada Igreja: em sua doutrina, teologia, disciplina e espiritualidade; em suas estruturas e suas lideranças; em seus projetos de missão. O reconhecimento disso é fundamental para a identificação do conteúdo comum da verdade cristã nas diferentes formas de expressão em cada tradição eclesial.

Compreender isso é condição para o mútuo reconhecimento entre as diferentes Igrejas em diálogo. Na sociedade civil, esse reconhecimento é favorecido por critérios legislativos que legitimam a existência de cada Igreja. Mas isso não é o suficiente para a unidade na fé. As Igrejas também necessitam do reconhecimento teológico. Esse reconhecimento é condição para o avanço nas relações ecumênicas. Empenhadas em fortalecer a própria identidade, uma Igreja confronta-se com a identidade de outra, com tensões e conflitos que as distanciam. A distinção entre conteúdo e forma da verdade cristã numa eclesiologia em saída contribui para superar tais tensões e conflitos, colocando as Igrejas numa disposição de diálogo que lhes possibilite uma revisão da autocompreensão não mais justificada mediante a negação do outro. Como ensina o Papa Francisco, "até onde subsistem divergências entre as nossas comunidades elas podem e devem tornar-se um estímulo para a reflexão e o diálogo" (FRANCISCO, 07/04/2016). E isso é possível admitindo que o conteúdo comum do Evangelho tenha formas diferenciadas de expressão nas diferentes

Igrejas. Esse é um princípio ecumênico da Igreja em saída, pois "não faria justiça à lógica da encarnação pensar num cristianismo monocultural e monocórdico" (EG 117).

2.1.3 A hierarquia das verdades

E para um bom discernimento entre o conteúdo da fé e a forma de expressá-la, é fundamental o entendimento da existência de uma hierarquia nas doutrinas católicas: "Na comparação das doutrinas, lembrem-se que existe uma ordem ou 'hierarquia' das verdades da doutrina católica, já que o nexo delas com o fundamento da fé cristã é diferente" (UR 11). Esse ensino conciliar sustenta o esforço do Papa Francisco para redimensionar o pensamento teológico e doutrinal na perspectiva de uma Igreja em saída, ciente de que "todas as verdades reveladas procedem da mesma fonte divina e são acreditadas com a mesma fé, mas algumas são mais importantes por exprimir mais diretamente o coração do Evangelho" (EG 36). E enfatiza o valor ecumênico desse princípio: "Se nos concentrarmos nas convicções que nos unem e recordarmos o princípio da hierarquia das verdades, poderemos caminhar decididamente para formas comuns de anúncio, de serviço e de testemunho" (EG 246).

Esse ensino possibilita o discernimento da legítima historicidade da Igreja, explicitado na tradição, na espiritualidade, na liturgia, entre outros. Nada do que possa contradizer o "fundamento" pertence à Igreja. Por isso, é importante compreender os *diversus nexus* das doutrinas com o mistério de Cristo. Claro, não existem relações acidentais entre as doutrinas da fé, todas são vinculantes no ato de fé. Mas cada uma tem seu "peso", sua gravidade ou importância conforme a proximidade com o "fundamento". Trata-se do mistério sobre Jesus Cristo, sua vida, paixão, morte e ressurreição no contexto da história da salvação, o que mostra a ação do Deus Triúno. A Igreja se alicerça nessa verdade cristológica e trinitária a partir do que recebe, interpreta e transmite as Escrituras, celebra os sacramentos, decide os elementos de governo e de organização que a estruturam em sua história e missão.

É importante mostrar a ecumenicidade desse princípio metodológico do Vaticano II. As Igrejas em diálogo estão de acordo que suas doutrinas; mesmo normativas, não têm o mesmo nexo com o centro trinitário e cristológico da fé cristã (cf. CC; CMI, 1995, n. 419-432). Assim, elas são convidadas ao discernimento conjunto sobre quais doutrinas estão mais diretamente relacionadas com o núcleo ou o "fundamento" da fé cristã: "Esse fundamento é a realidade sobre a qual se apoia toda a vida cristã e através do qual a comunidade dos discípulos de Cristo é constituída como seu corpo. Estabelece a verdadeira natureza da Igreja e a sustenta ao longo da sua peregrinação" (CC; CMI, 1995, n. 21). As Igrejas progridem no consenso que as doutrinas derivam e são subordinadas à confissão da fé em Jesus Cristo, e essa confissão precisa ser comum. É o que se constata, por exemplo, na declaração cristológica entre a Igreja Católica e a Igreja Assíria do Oriente, assinada em 11/11/1994 pelo Papa João Paulo II e pelo Patriarca Dinkha IV: "professamos unidos a mesma fé no Filho de Deus que se tornou homem para que nós, por meio da sua graça, nos tornássemos filhos de Deus" (JOÃO PAULO II; MAR DINKHA IV, 1994). Também na declaração comum sobre a doutrina da justificação, católicos, luteranos e anglicanos afirmam juntos a pessoa de Cristo como o único que nos justifica (cf. n. 14-18). E o Papa Francisco, juntamente com o Patriarca de Constantinopla, Bartolomeu, afirmam numa declaração conjunta em 2014: "Ao longo destes anos, Deus, fonte de toda a paz e amor, ensinou-nos a olhar uns para os outros como membros da mesma família cristã, sob o mesmo Senhor e Salvador Jesus Cristo" (FRANCISCO; PATRIARCA BARTOLOMEU, 25/05/2014). Desse modo, as Igrejas compreendem que no diálogo sobre as verdades de fé, sem qualquer tendência minimalista, importa atingir o essencial, como base para o diálogo sobre as divergências: "Isso pressupõe que aquelas verdades que servem para explicar e proteger outras verdades mais fundamentais tenham um vínculo apenas indireto com o fundamento da fé, ou pelo menos um vínculo que é menos direto daquele de outras verdades" (CMI, 1995, n. 27).

O redimensionamento do pensamento dogmático, possibilitado pelo retorno às fontes e uma devida distinção entre conteúdo e forma de expressar a fé e pela hierarquia das verdades, mostra a consciência de que os dogmas têm uma história processual. E assim como eles se desenvolvem no tempo, também a sua recepção é dinâmica em cada etapa da história. Isso tira da doutrina católica a imagem de inflexibilidade, rigidez e imutabilidade. O mistério da fé, que não se exaure numa doutrina, evolui em sua compreensão, exigindo mudanças para sua recepção contextualizada no horizonte de uma eclesiologia "em saída". E explicita a condição peregrina da Igreja na busca da verdade e a consequente relatividade, limitação e precariedade inerente à essa condição.

2.2 Horizonte eclesiológico

Isso influencia para um redimensionamento do enfoque eclesiológico no catolicismo, superando resquícios ainda existentes do juridicismo e visibilismo da *societas perfecta*, e dando ênfase ao horizonte mistérico da Igreja, à luz do mistério do Deus Uno e Trino, objeto da fé eclesial (LG 2-4). A Igreja aparece, então, como *sacramento* (LG 1, 9, 48, 59; SC 5, 26; GS 42, 45; AG 1, 5), no equilíbrio entre a dimensão institucional e a dimensão mistérica (LG 8, 14), entre sua origem, fim e meios, tendo a dimensão escatológica do Reino como meta última (LG 5, cap. VII). Nessa revisão eclesiológica do Concílio também é fundamental a afirmação do sacerdócio comum (LG 10) de todas as pessoas batizadas, exercido pelos sacramentos, pelas virtudes (LG 11) e pelos diversos carismas no conjunto do povo de Deus (LG 12), que conta com a indefectibilidade na fé pela ação do Espírito Santo (LG 12) (ANTON, 1986, p. 907). Assim, o Vaticano II afirma como sujeito eclesial toda a comunidade, substituindo as estruturas do poder hierárquico por "comunhão e participação", numa corresponsabilidade pastoral entre todos os membros da Igreja (LG 13). O decreto sobre a missão afirma que "para o incremento da comunidade cristã fazem-se necessários diversos ministérios [...] que devem ser por todos solicitamente fomentados e cultivados" (AG 15).

A Igreja em saída segue nessa direção, afirmando que "todo o povo de Deus anuncia o Evangelho" (EG 111), pois "Todos somos discípulos missionários" (EG 119-121). Cada membro da Igreja, com seus dons específicos e jeito de ser, forma "um povo com muitos rostos" (EG 115-118). E nesse sentido o Papa Francisco critica duramente "um excessivo clericalismo que os mantém [os leigos] à margem das decisões" (EG 107) da vida eclesial, e propõe um caminho sinodal de comunhão, participação e missão que envolve todos, nas diversas instâncias da Igreja local e da universal. Assim, são fortalecidas as propostas de uma "pastoral orgânica e de conjunto", que dão à Igreja um "novo espírito, novo ardor, novas dinâmicas" (CNBB, 2014, p. 12).

Desse modo, a Igreja em saída revigora o ensino conciliar sobre a comunhão (LG 4, 8, 13-16, 18, 21, 24; DV 10; GS 32; UR 2-4, 14, 17-19, 22), não mais por fatores meramente institucionais e jurídicos, mas teológicos e espirituais: a comunhão é com Deus pela Palavra, os sacramentos e o culto litúrgico (DV; SC); com as pessoas e comunidades crentes em Cristo, pela busca da unidade (LG 15; UR); com toda a humanidade pelo diálogo e a cooperação entre os povos, seus elementos socioculturais (GS) e suas religiões (NA; DH). Este sentido amplo de comunhão envolve a humanidade inteira numa "fraternidade aberta, que permite reconhecer, valorizar e amar todas as pessoas, independentemente da sua proximidade física, do ponto da terra onde cada uma nasceu ou habita" (FT 1). Pois "ninguém pode enfrentar a vida isoladamente [...]. Como é importante sonhar juntos!" (FT 8).

O redimensionamento eclesiológico na Igreja em saída tem implicações ecumênicas positivas. Fiel ao Vaticano II, Francisco exorta para que as comunidades católicas se relacionem positivamente com os membros de outras Igrejas, colaborem e se integrem nas organizações que promovem o diálogo, assumindo o movimento ecumênico como um impulso da ação do Espírito Santo (EG 244, 246; LS 7-9). A Igreja em saída percorre com outras Igrejas o caminho da unidade cristã, na consciência de que "somos peregrinos e peregrinamos juntos. Para isso, devemos abrir o coração ao companheiro de estrada sem medos nem desconfianças, e olhar primariamente para o que procuramos: a paz no rosto do único Deus" (EG 244). Destacamos a seguir três passos de significativa importância na caminhada ecumênica da Igreja em saída: um novo olhar, com mais positividade, para o pluralismo eclesial do nosso tempo; a afirmação do ecumenismo na vida das Igrejas locais; e um repensar do ministério petrino.

2.2.1 Olhar positivo sobre o pluralismo eclesial

Ao "sair de si", no sentido de superação da autorreferência, a Igreja em saída abre-se para um novo olhar sobre o pluralismo eclesial, reconhecendo e acolhendo a verdade do Evangelho que aí se manifesta. Acolhendo a delegação do Conselho Metodista Mundial, em 2016, o Papa Francisco frisou a importância de "apreciar cada vez mais a fé uns dos outros" (FRANCISCO, 07/04/2016). O Vaticano II já havia afirmado que a Igreja de Cristo, presente nas instituições e nas doutrinas da Igreja Católica, não se esgota nela (LG 8); manifesta-se também em outras tradições eclesiais (UR 3; LG 15). João Paulo II reconheceu que Cristo tem nelas uma "presença operante" (USS 11), de modo que "para além dos limites da comunidade católica, não existe o vazio eclesial" (UUS 13). O alcance ecumênico dessa eclesiologia se expressa por dois conceitos chaves da eclesiologia conciliar, *subsistit in* e *elementa ecclesiae,* que sustentam o caminho ecumênico da Igreja em saída.

a) *Subsistit in*

Na expressão *subsistit in* temos uma afirmação revolucionária do redimensionamento eclesiológico do Vaticano II, com enorme valor ecumênico: o abandono de uma relação de identidade exclusiva entre a Igreja de Cristo e as estruturadas da Igreja Católica – o que foi historicamente afirmado (ex. *Mystici Corporis Christi*, 1943; *Humani generis*, 1950)[2]. Na eclesiologia conciliar, a Igreja de Cristo *subsiste* na Igreja Católica (LG 8, retomada em UR 4), realiza-se nela mas não se exaure em suas instituições e estruturas. Toda realização institucional da Igreja de Cristo é historicamente incompleta e vai progredindo, en-

---

2. Mas a *Mystici Corporis Christi* reconhece a pertença à Igreja Católica pelo "desejo", sem ter recebido o batismo (cf. *Denzinger,* 3921). Por isso, em 1949 o Papa Pio XII condenou o teólogo de Boston, Leonard Feeney, por uma interpretação exclusiva do axioma *Extra Ecclesiam nulla salus.*

tre tensões, no aperfeiçoamento do ser Igreja. Daí o esforço do Papa Francisco para "uma renovação eclesial inadiável" (EG 27-33) na Igreja em saída, continuidade do processo de "reforma perene" (UR 6) como constante conversão/purificação (LG 8; EG 25-26). Nesse processo, busca-se superar todo imobilismo institucional e estrutural que tende a enrijecer a dinamicidade da encarnação da Igreja de Cristo. Assim, não há forma eclesial histórica que se imponha como exclusiva realização já perfeita do ser Igreja[3].

Como observamos a continuidade desse ensino conciliar na proposta do Papa Francisco de uma "Igreja em saída"? Primeiro, observa-se que o papa tem uma compreensão realista da dimensão institucional e histórica da Igreja. Ele está ciente de que nessa dimensão a Igreja possui limites, carências e imperfeições que muitas vezes obstaculizam a missão de pregar o Evangelho. Segundo, é nesse contexto que se entende a sua proposta por reformas amplas, profundas e em todos os âmbitos da vida eclesial. Terceiro, é nesse processo que vemos as implicações ecumênicas desse ensino. Assim como nenhuma pessoa cresce, se aperfeiçoa ou se converte sozinha, também as Igrejas precisam se ajudar mutuamente na realização histórica da Igreja de Cristo. Elas precisam discernir juntas os caminhos eclesiais do Evangelho, numa interação mutuamente enriquecedora das formas de ser cristão e ser Igreja em suas tradições. O Vaticano II trabalha a identidade da Igreja Católica em relação com outras tradições cristãs e eclesiais. Nessa relação, o desafio ecumênico que emerge é o encontro das diferentes compreensões de como a Igreja de Cristo se realiza na história, desafio que deve ser enfrentado com a convicção eclesial da própria tradição e a abertura à convicção do outro. É então que se compreende que fora da Igreja Católica não existem apenas pessoas cristãs, mas também "elementos da Igreja", e Igrejas e comunidades eclesiais, que pertencem por direito à única Igreja e são instrumentos de salvação para os seus membros (LG 8, 15; UR 3; UUS 10-14).

---

3. Esse ensino conciliar já foi amplamente discutido, inclusive com tensões nos meios católicos. Cf. SULLIVAN, 1988. • BOFF, 1981, p. 114. • CONGREGAÇÃO PARA A DOUTRINA DA FÉ, 11/03/1985. A mesma congregação abordou o tema na Declaração *Mysterium Ecclesiae*, 24/06/1973 e em Respostas a questões relativas a alguns aspectos da doutrina sobre a Igreja, 02/05/2022.

Assim, esse pontificado impulsiona os esforços ecumênicos que buscam a unidade numa Igreja que não seja autorreferenciada em suas instituições e estruturas, mas as tenha como sacramentos da graça de Deus, o Reino que aí se manifesta, mas também transcende. Para progredir na unidade as Igrejas precisam evitar tudo o que em suas instituições e estruturas corroboram a situação de divisão em que vivem. Isso requer a ajuda mútua na "reforma perene" que elas precisam, como conversão para o Evangelho, em que as Igrejas podem se encontrar mutuamente.

> *Não há unidade sem conversão* [...] no centro de cada busca da unidade e, portanto, de cada esforço ecumênico, antes de tudo está a conversão do coração, que inclui o pedido e a concessão do perdão [...] procuremos ver-nos uns aos outros em Deus e saber pôr-nos também sob o ponto de vista do outro: eis um desafio duplo ligado à busca da unidade (FRANCISCO, 24/01/2015).

b) *Elementa ecclesiae*

Como vimos, a doutrina do *subsistit* requer o reconhecimento da existência de *elementa ecclesiae*[4] fora das estruturas e instituições eclesiásticas da tradição católica (UR 3, 15; UUS 13). O Decreto *Unitatis Redintegratio* cita: "a Palavra de Deus escrita, a vida da graça, ações sagradas, a fé, a esperança e a caridade e outros dons interiores do Espírito Santo e elementos visíveis" (UR 3). A *Lumen Gentium* acrescenta: o zelo religioso, os sacramentos, sobretudo o Batismo e a Eucaristia, o episcopado, a devoção à Virgem, a oração, o testemunho pelo martírio (LG 15). É uma arriscada leitura quantitativa da realidade eclesial das diferentes tradições cristãs. Evidentemente, não existe a pretensão de elencar todos os elementos constitutivos da Igreja, até

---

4. "Em última análise, este conceito remonta a J. Calvino. Contudo, enquanto que para Calvino este termo se referia a tristes resíduos da verdadeira Igreja, no debate ecumênico ele é entendido em sentido positivo, dinâmico e orientado para o futuro. Aparece pela primeira vez em Yves Congar, como continuação da posição antidonatista de Santo Agostinho [...]. Com a Declaração de Toronto, no Canadá (1950), esta expressão começou a fazer parte da linguagem do Conselho Ecumênico das Igrejas" (KASPER, 2004, item iii).

mesmo porque, sendo ela mistério, quem poderá fazê-lo? O que o Vaticano II faz é afirmar a diferença na concepção da constituição da Igreja Católica em relação às oriundas das reformas dos séculos XVI e XVIII. Aqui manifesta-se o complexo entendimento de que em relação à tradição católica, as Igrejas da Reforma têm "muitos" *elementa ecclesiae*, mas não o suficiente para garantir-lhes o *status* de Igreja, tal como compreendido na eclesiologia católica e ortodoxa. E a ausência maior seria do ministério ordenado; como um *defectus* e vinculado a ele está a ausência da integridade da substância eucarística (UR 22), centro e cume da Igreja. Aqui estão também os demais sinais sacramentais da fé cristã, o episcopado e o ministério petrino.

A ausência de tais elementos diminui estas Igrejas? Não é essa a intenção do Concílio, ele não quer dizer onde existe "mais" ou "menos" Igreja, como observou O. Cullmann:

> Creio que o diálogo progredirá quando os nossos irmãos católicos não considerarem de maneira puramente negativa este "menos" que verificam em nós, quando não o considerarem como um déficit nem como uma estreiteza arbitrária, mas como uma concentração inspirada pelo Espírito Santo.

E o teólogo luterano afirma também sobre a renovação das Igrejas protestantes:

> Devemos nos perguntar se, sobre certos pontos, em lugar de uma concentração, não houve, apesar de tudo, um estreitamento em relação à Bíblia, e se não há certos elementos perfeitamente bíblicos que as nossas Igrejas deixaram perder sem razão (*apud* FESQUET, 1967, p. 116).

A questão é se o Vaticano II permite ver as outras Igrejas como legítimas concretizações históricas da única Igreja de Cristo, mesmo que o sejam de modo muito diferente da tradição católica e ortodoxa. O que legitima uma comunidade cristã é a posse plena dos elementos institucionais, ou o fato de ela ser para seus membros um espaço em que atua o Espírito que salva? O fato de uma comunidade cristã ter mais ou todos ("plenitude") os elementos constitutivos da Igreja é garantia de perfeição na vida cristã? Certamente não. O que legitima

41

a existência da comunidade eclesial é a realização da sua finalidade: a pregação e vivência do Evangelho, que a torna instrumento de salvação para os seus membros. Aqui o Vaticano II avança: a salvação dos não católicos não é resolvida no nível individual, unicamente a partir do desejo subjetivo de um indivíduo, como até então se concebia em documentos magisteriais como a *Mystici Corporis*, mas no nível institucional e de modo eclesiológico objetivo. As instituições das tradições eclesiais da Reforma são portadoras de elementos/verdades salvíficas da única Igreja de Cristo, e isso as constitui como espaços de salvação (UR 3). Não basta possuir a plenitude dos bens institucionais para tanto, pois diz o Concílio que "não se salvam, porém, os que, embora incorporados na Igreja, não perseveram na caridade, e por isso pertencem ao seio da Igreja não pelo 'coração', mas tão somente pelo 'corpo'" (LG 14). Isso leva a concluir que nenhuma concretização histórica da Igreja de Cristo é modelo a ser seguido como símbolo de perfeição. Consequentemente, não se pode impor uma consciência eclesial como condição para a reconciliação das Igrejas. É claro que as Igrejas não querem assumir a eclesiologia católica, como os católicos não precisam assumir a identidade eclesial dos outros. A compreensão que elas possuem de fidelidade ao Evangelho de Cristo é suficiente para, em sua consciência eclesial, entenderem-se pertencentes à sua Igreja. Suas diferenças são carismas do Espírito para viverem o Evangelho.

A Igreja em saída percorre caminhos para reconhecer isso. Busca entender os bens e os carismas das Igrejas como dons do Espírito Santo. Pode servir para fortalecer o diálogo ecumênico o entendimento que "uma verdadeira novidade suscitada pelo Espírito não precisa fazer sombra sobre outras espiritualidades e dons para afirmar a si mesma [...]. É na comunhão, mesmo que fatigante, que um carisma se revela autêntica e misteriosamente fecundo" (EG 130). Assim, o critério para compreender a eclesialidade de uma Igreja não deve ser outra Igreja, mas a qualidade da vivência do Evangelho, que lhe dá consciência da Igreja de Cristo, sua expressão de discipulado e o crescimento no amor e na santidade de vida. E nisso as Igrejas podem se reconhecer juntas, como afirma a declaração comum do Papa Francisco e karekin II, da Igreja Armênia:

> Temos o prazer de confirmar que, apesar das divisões que subsistem entre os cristãos, percebemos mais claramente que aquilo que nos une é muito mais do que aquilo que nos divide. Esta é a base sólida sobre a qual será manifestada a unidade da Igreja. [...]. Hoje estamos convencidos da importância crucial de avançar nesta relação, promovendo uma colaboração mais profunda e decisiva, não somente na área da teologia, mas também na oração e na cooperação ativa no nível das comunidades locais, com o objetivo de compartilhar a comunhão plena e expressões concretas de unidade (FRANCISCO; KAREKIN II, 26/06/2016).

Com isso, a "Igreja em saída" não apenas atualiza para os nossos dias o ensino sobre *elementa eclesiae*, mas avança em sua compreensão permitindo um olhar positivo para o pluralismo eclesial atual, condição para progredir no reconhecimento da eclesialidade das Igrejas da Reforma. Aqui pode se desenvolver uma eclesiologia "em saída" com nova linguagem teológica e doutrinal que explora convergências entre as diferentes doutrinas, como, de um lado, o capítulo VII da Confissão de Augsburgo, que apresenta a Igreja como evento, acontecimento da Palavra e dos sacramentos, realçando a sua dimensão mistérica e invisível; e, de outro lado, a eclesiologia conciliar, que supera o institucionalismo visibilista de outrora.

Para prosseguir nessa direção, os elementos constitutivos de Igreja precisam ser vistos mais do que paradigmas eclesiológicos. Eles são também cristológicos enquanto expressões na Igreja do modo de ser do próprio Cristo e da verdade do seu Evangelho. Tais elementos manifestam o mistério eclesial quando situa a Igreja no horizonte de Deus, desde a sua origem: a Trindade divina (LG 2-4), até a sua finalidade última: o Reino (LG 5, 48). É desse modo que a Igreja se torna instrumento sacramental da unidade (LG 1), concretude da proximidade, do encontro e de relações de comunhão. Assim, as Igrejas realizam, juntas, a *ekklesia tou Theou*, concretizada na con-vivência, na cooperação do discipulado de Cristo e no testemunho do seu Evangelho no mundo. Esse fato é o que permite convergências e consensos na linguagem, nos ritos e nas estruturas das Igrejas. À linguagem, aos ritos e às estruturas da con-vivência cabe a missão de funcionarem como canais de expressão de um fundamental elemento constitutivo da comunidade eclesial – a comunhão.

2.2.2 O primado da Igreja local na communio universal

a) Revigorando o ensino conciliar

A reforma gregoriana afirmou a obediência ao papa como princípio da unidade eclesial (*Dictatus papae*, 1073), tendo o primado como eixo e princípio a partir do qual tudo se movimenta e se decide na Igreja. A comunhão eclesial definia-se a partir do primado, e não o contrário. Isso foi garantido também por uma ampliação da função dos legados papais sobre os bispos e metropolitas, e consequentemente, a expressão "as Igrejas" perdeu o conteúdo teológico e a autocompreensão eclesial. Intensificou-se, assim, o processo de universalização da Igreja de Roma, fazendo das Igrejas locais apenas uma extensão daquela presidida pelo bispo de Roma, compreendida como "origem e fonte" das demais Igrejas.

O Vaticano II supera essa eclesiologia ao conceber a Igreja universal a partir das Igrejas locais, e não a partir de si mesma. A Igreja local é a primeira realidade da Igreja universal; esta só existe como realização concreta naquela, embora não se resuma a ela. Revigorando o ensino conciliar, o Papa Francisco afirma que a Igreja particular "é o sujeito primário da evangelização enquanto é a manifestação concreta da única Igreja num lugar da terra [...] é a Igreja encarnada num espaço concreto" (EG 30). E reforça a intenção do Concílio de propiciar uma justa e equilibrada relação entre a Igreja universal e a Igreja local; ambas formam a comunhão eclesial. Num espírito de corresponsabilidade na missão, Francisco entende que "não convém que o papa substitua os episcopados locais no discernimento de todas as problemáticas que sobressaem nos seus territórios" (EG 16). O papa valoriza a voz do episcopado em suas diferentes realidades (ex., EG 15: bispos latino-americanos; EG 62: bispos da África e da Ásia; EG 64: bispos dos Estados Unidos; EG 65: bispos da França). Afinal, "a pastoral em chave missionária" requer "o discernimento pastoral, sábio e realista" (EG 33) dos bispos nas suas Igrejas locais.

Portanto, a compreensão da Igreja local está diretamente vinculada com a teologia do ministério episcopal, a quem cabe "favorecer sempre a comunhão missionária na sua Igreja diocesana" (EG 30). O Concílio entende por Igreja local a porção do povo de Deus confiada a um bispo para que a pastoreie em cooperação com o presbitério, de tal modo que, unida a seu pastor e por ele congregada no Espírito Santo mediante o Evangelho e a Eucaristia, constitua uma Igreja particular, na qual verdadeiramente está e opera a Una Santa Católica e Apostólica Igreja de Cristo (CD 11). Assim, a valorização da Igreja local esclarece a missão dos bispos que, em virtude do sacramento, também possuem um poder jurisdicional episcopal ordinário e imediato (LG 20-21). O exercício da *episkopé* em nível local se dá também como "solicitude para com a Igreja universal", em "unidade na fé e na disciplina" (LG 23). Aqui uma importante corresponsabilidade entre bispos de diferentes Igrejas locais e o papa:

> Partícipes da solicitude de todas as Igrejas, exercem-na em comunhão e sob a autoridade do sumo pontífice, no que se refere ao magistério e regime pastoral, unidos todos em colégio ou corpo, com relação à Igreja universal de Deus (CD 3).

E nesse sentido são fortalecidas as conferências episcopais, garantindo-lhes autonomia na orientação de suas dioceses, de acordo com o princípio da subsidiariedade, colegialidade e sinodalidade, como veremos adiante.

b) Implicações ecumênicas

Uma fragilidade histórica da *koinonia* na Igreja Católica é a relação entre o colégio episcopal e a comunhão eclesial. A "comunhão eclesial" define-se hierarquicamente como comunhão episcopal e dos bispos com o primado. Os bispos, como ministros da comunhão em cada Igreja local e destas com a Igreja universal, são apresentados como o centro e o elemento determinante da comunhão. O conjunto da Igreja quase não conta para essa comunhão.

Nisso já foram constatadas duas situações na eclesiologia católica que causam estranheza para outras Igrejas, e urge enfrentá-las para progredir no diálogo ecumênico:

1) ao mesmo tempo em que afirma o ministério episcopal como constitutivo da eclesiologia da Igreja local, há uma cisão entre o episcopado e o governo de uma Igreja concreta. Para ser bispo na Igreja Católica não precisa, necessariamente, ter uma Igreja local para governar jurídica e pastoralmente, como mostram os cerca de 48% dos atuais bispos católicos que não governam uma Igreja particular concreta (mas têm uma Igreja fictícia...), e atuam como bispos auxiliares ou eméritos. Pode-se ser membro do colégio sem expressar a comunhão com o povo de Deus, que forma a Igreja local concreta (FAMERÉE, 2016, p. 417). Isso expressa fragilidade na relação entre a colegialidade dos bispos e a comunhão eclesial efetiva. O poder episcopal não está diretamente ligado a uma função na comunhão eclesial, e o povo de Deus não conta para a formação do ministério da hierarquia.

2) A sucessão episcopal não se dá segundo a linha da imposição das mãos, mas na fé apostólica. Prova disso é que "um novo bispo não sucede ao bispo que o ordenou, mas ao seu predecessor na mesma Igreja, assim não é possível suceder aos apóstolos se não presidindo uma Igreja que tem a fé apostólica" (LEGRAND, 2016, p. 174). Desse modo, os poderes do bispo "não podem ser transmitidos de indivíduo para indivíduo".

Já foram constatadas dificuldades ecumênicas que isso apresenta: "não há possibilidade alguma que outras Igrejas cristãs reconheçam a tradição na nossa recente concepção da colegialidade" (LEGRAND, 2016, p. 176). Para os ortodoxos, tal prática não encontra fundamento patrístico, que entende o vínculo estreito entre sucessão e comunhão, pelo que cada bispo "recebe da própria Igreja, fiel à tradição, a Palavra que transmite" (Cico, 1994, n. 1028-1039, p. 128-142). Também as Igrejas da Reforma não entendem a dissociação entre o ministério episcopal e a comunhão eclesial tal como aqui mostramos na tradição católica.

Contudo, um importante ganho ecumênico no catolicismo é a valorização da Igreja local, o que é fortalecido na eclesiologia da Igreja em saída. Ao realçar o poder das Igrejas de uma região, com um novo estilo administrativo e pastoral, a Igreja em saída fortalece a sintonia com a eclesiologia na tradição da Reforma. A Igreja local é a instância real da comunhão na fé, onde ouve-se o Evangelho, celebram-se os sacramentos e vive-se a fraterna concórdia entre os membros da "congregação dos santos", o povo de Deus. A eclesiologia da Igreja local tem grande espaço no movimento ecumênico, como mostra a III Assembleia Plenária do Conselho Mundial de Igrejas, realizada em Nova Delhi (1961), que em sua segunda sessão propôs como modelo de unidade da Igreja a "unidade em cada lugar":

> Cremos que a unidade, que é simultaneamente vontade e dom de Deus para a sua Igreja, torna-se visível quando todos aqueles que em cada lugar são batizados em Cristo Jesus e o confessam como Senhor e Salvador, são conduzidos pelo Espírito Santo a formarem uma comunidade plenamente comprometida, que confessa a mesma fé apostólica, que prega o mesmo Evangelho, que parte o mesmo pão, que se reúne na oração comum e que tem uma vida comunitária que brilha no testemunho e no serviço a todos; e quando, além disso, encontram-se em comunhão com o conjunto da comunidade cristã em todos os lugares e em todos os tempos, num modo em que o ministério e a qualidade de membro sejam reconhecidos por todos e todos possam, segundo as circunstâncias, agir e falar de comum acordo em vista dos compromissos aos quais Deus chama o seu povo (CMI, 2001, p. 250).

Assim, as comunidades locais dos cristãos estão unidas entre si pela catolicidade da fé vivida na diversidade presente em "cada lugar". A doutrina católica ajuda a compreender isso ao afirmar que "a universal comunidade dos discípulos do Senhor [...] se torna presente e operante na particularidade e diversidade das pessoas, grupos, tempos e lugares"[5]. Vivendo desse modo, na pluralidade de formas e contextos, está aberto o caminho para progredir na mútua aceitação das diferentes formas de ser Igreja "em cada lugar".

---

5. CONGREGAÇÃO PARA A DOUTRINA DA FÉ. *Communionis notio*, n. 7. *Sedoc*, 25, p. 262-272, 1992.

É nas Igrejas locais que o ecumenismo é efetivamente assumido. O bispo é o primeiro responsável pela unidade cristã (UR 4; cf. tb. *Diretório ecumênico* (cap. II) e *Vademecum ecumênico*), de modo que seu serviço em favor da unidade interna da comunidade católica não pode ser desvinculado do trabalho pela relação de sua Igreja com as demais Igrejas. A diocese católica partilha com outras Igrejas o mesmo ambiente sociocultural, econômico, político e religioso. Aí se apresentam os desafios para a vivência da fé cristã; aí se apresentam exigências para a ação evangelizadora. Os desafios dessas exigências podem ser mais bem enfrentados pela cooperação ecumênica. No contexto sociocultural da Igreja local estão também Igrejas possivelmente interlocutoras e parceiras na missão. Cabe, então, às diferentes dioceses desenvolver a orientação ecumênica que o magistério eclesial propõe, de modo que ali é lugar onde efetivamente acontece o diálogo e a cooperação que expressam o testemunho comum/ecumênico da fé cristã.

2.2.3 O ministério petrino no diálogo ecumênico

A ecumenicidade da Igreja em saída apresenta implicações para o papado, exigindo uma profunda revisão no horizonte da comunhão plural. Rever o exercício do ministério petrino é algo que diz respeito às aspirações por reforma na Igreja durante toda a sua história. Desde os tempos de Constantino (séc. IV) a autoridade da Igreja universal vem se concentrando na Igreja local de Roma e, nela, tudo depende do papa. Com Inocêncio III (1160-1216) o papa se declara o representante direto de Cristo na terra, seu *vicarius*; Bonifácio VIII (1235-1303) exige submissão de todo outro tipo de autoridade existente no mundo; e o Vaticano I definiu a autoridade papal infalível em questões de fé e de moral. A partir de então, é praticamente impossível entender o exercício da autoridade no espírito da colegialidade e da sinodalidade evangélicas. Estudiosos afirmam:

> Aquilo que agora falta é uma integração, não só eclesiológica, mas também cristológica e teológica num sentido *lato*, um novo modo de interpretar, à luz do dado evangélico, seja teológica, seja praticamente, o ministério petrino.

De fato [...] [ao interpretar] a doutrina da Igreja [sobre esse ministério] [...] não se devem, contudo, desconhecer as carências a ela latentes: todo o seu modo de pensar e de se exprimir não se inspira na autoridade entendida biblicamente do discípulo, apóstolo e pastor, mas no modelo "profano" da *suprema auctoritas* (KASPER, 1975, p. 55).

Significativa é a proposta já feita para mudar essa situação, mas sem efeito algum, mesmo por quem a propôs e teve condições para tanto:

Deveria, portanto, considerar como meta para o futuro distinguir de novo claramente o ofício autêntico do sucessor de Pedro e o ofício patriarcal e, onde necessário, criar novos patriarcados sem mais considerá-los incorporados à Igreja latina. Deverá refletir logo como dar à Igreja da Ásia e da África, assim como às do Oriente, uma forma própria como "patriarcados" ou "grandes Igrejas" autônomas (RATZINGER, 1971, p. 155s.).

Outras sugestões são dadas para a reforma do primado petrino, como "tomar as suas decisões no âmbito de um consistório"; dar às conferências episcopais o direito de apresentar questões na ordem do dia do sínodo dos bispos, com "autoridade de decisão nesse sínodo em algumas circunstâncias"; consultar os bispos antes de tomar decisões importantes; permitir que "um número qualificado de bispos" possa convocar um concílio; permitir o recurso à Santa Sé "contra uma sentença do romano pontífice" (LEGRAND, 2016, p. 188).

E isso tem implicações ecumênicas. Os papas Paulo VI e João Paulo II manifestaram a consciência de que o ministério petrino "constitui uma dificuldade para a maior parte dos outros cristãos" (UUS 88), o que ficou explícito na visita ao Conselho Mundial das Igrejas (Paulo VI em 1969 e João Paulo II em 1984). Em função disso, João Paulo II mostrou a necessidade de rever o exercício desse ministério, de modo a favorecer a unidade cristã:

Aquilo que diz respeito à unidade de todas as comunidades cristãs entra obviamente no âmbito das preocupações do primado [...]. Estou convicto de ter a este propósito uma responsabilidade particular [...] para encontrar uma forma de exercício do primado que, sem renunciar de modo algum ao que é essencial da sua missão, abra-se a uma nova situação. [....] O Espírito Santo nos dê a sua luz e ilumine todos os pastores e os teólogos das nossas Igrejas, para que possamos procurar, evidentemente juntos, as formas mediante as quais este ministério possa realizar um serviço de amor, reconhecido por uns e outros (UUS 95).

É importante observar no apelo do Papa João Paulo II a consciência de que a tarefa de revisão do papado não pode ser realizada por uma Igreja sozinha, mesmo a católica. Para colocar o exercício do ministério petrino em uma "nova situação" é preciso ter um diálogo sincero que possibilite consensos sobre qual a essência desse ministério: "confirmar os irmãos na fé" (Lc 22,31), manter "toda a Igreja na unidade da fé e da comunhão" (DH 3051; LG 18; UUS 88). Esse aspecto do primado é imutável. Mas é preciso compreender também que o serviço à fé de "toda a Igreja" tem a necessidade de transcender as estruturas e as instituições de uma tradição eclesial apenas. A catolicidade da fé não se realiza plenamente enquanto as Igrejas estiverem divididas por doutrinas e instituições que impedem a visibilidade da una e única Igreja de Cristo. A unidade na fé inclui quem não se encontra nas estruturas eclesiásticas, nas quais o papa exerce um poder efetivo. Evidentemente, muitas questões surgem sobre o possível reconhecimento de uma autoridade única para todas as Igrejas. Das respostas que podem ser dadas é importante observar que não está em questão o "ministério petrino" tal como os Evangelhos apresentam na relação entre Cristo e Pedro. O que se questiona é *o modo* e *o sujeito* desse ministério. Sobre isso ainda há muito que se dialogar entre as Igrejas para atingirem o consenso sobre esse ministério como "um serviço de amor e de comunhão reconhecido por todos".

a) Contribuições do Papa Francisco

Em sintonia com o apelo de João Paulo II, o Papa Francisco, na celebração ecumênica com o Patriarca Bartolomeu I (Jerusalém, 2014), reforçou a consciência da necessidade de um trabalho conjunto das Igrejas, no estado em que estão atualmente, para encontrarem uma forma consensual de exercício da autoridade na Igreja que sustente e confirme a unidade que se busca:

> quero renovar o desejo, já expresso pelos meus antecessores, de manter um diálogo com todos os irmãos em Cristo para se encontrar uma forma de exercício do ministério próprio do bispo de Roma, que, em conformidade com a sua missão, abra-se a uma nova situação e possa ser, no contexto atual, um serviço de amor e de comunhão reconhecido por todos (cf. UUS 95-96) (FRANCISCO, 2014b).

Ao longo de seu pontificado Francisco manifesta disposição de fazer reformas no exercício do seu próprio ministério: "Dado que sou chamado a viver aquilo que peço aos outros, devo pensar também numa conversão do papado" (EG 32). Não são meras palavras; a forma como realizou os sínodos da família (2105), da juventude (2018), da Amazônia (2019) e o atual processo sinodal, expressa uma conversão do papado no horizonte da colegialidade e da sinodalidade. Com isso, o Papa Francisco mostra clara disposição para um discernimento conjunto sobre como ser Igreja e como realizar a missão em nossos tempos. Superando de vez a tendência do *papa solus* no governo eclesial, afirma corajosa e profeticamente:

> não se deve esperar do magistério papal uma palavra definitiva ou completa sobre todas as questões que dizem respeito à Igreja e ao mundo. Não convém que o papa substitua os episcopados locais no discernimento de todas as problemáticas que sobressaem nos seus territórios. Nesse sentido, sinto a necessidade de proceder a uma salutar "descentralização" (EG 16).

O papa argentino tem consciência de que reformas no papado devem acontecer na dinâmica da conversão sinodal. E conversão aqui não é uma questão pessoal ou espiritual apenas, mas também institucional e pastoral. Por isso, as reformas no papado são propostas como impulso para as mudanças que devem acontecer "nas estruturas centrais da Igreja universal" (EG 32) e nas conferências episcopais. A Igreja "em saída" dá o tom e a finalidade dessa reforma/conversão: é pastoral. Ou seja, as reformas devem acontecer em função da missão evangelizadora da Igreja, para melhor qualificar essa missão em nosso tempo. Isso vale também para o papado:

> Compete-me, como bispo de Roma, permanecer aberto às sugestões tendentes a um exercício do meu ministério que o torne mais fiel ao significado do que Jesus Cristo pretendeu dar-lhe e às necessidades atuais da evangelização. [...] Pouco temos avançado neste sentido (EG 32).

E é nessa direção que identificamos em Francisco a contribuição do exercício do ministério petrino para a unidade cristã, o que é marcado por alguns elementos.

b) *Reformatione in persona*

> a primeira reforma deve ser a da atitude. Os ministros do Evangelho devem ser capazes de aquecer o coração das pessoas, de caminhar na noite com elas, de saber dialogar (SPADARO, 19/09/2013).

No pontificado de Francisco, a "Igreja em saída" não é um princípio teórico, um documento magisterial ou um dispositivo canônico. Igreja "em saída" é primeiramente uma atitude, um modo de ser cristão. Francisco o exemplifica na postura do pastor, abandonando formas tradicionalmente utilizadas para a realização do seu ofício, como a frieza intelectual, a rigidez disciplinar e a complexidade da burocracia curial, que secularmente marcam o exercício do ministério petrino na Igreja Católica. O seu pontificado realiza-se numa simplicidade para muitos desconcertante, sem receio de expressar sentimentos e emoções; de aproximar-se fisicamente das pessoas sem gestos medidos, calculados, tensos; com a espontaneidade e a naturalidade da linguagem que expressa a convicção da autoridade do servidor que não precisa se afirmar na aura do poder.

Assim, a Igreja "em saída" é um princípio pessoal que se expressa eclesialmente. Não um princípio qualquer, mas a convicção do seguimento de Cristo e do seu Evangelho, que exige *kênosis*, despojamento de elementos que até então confundem no primado missão e estética, autoridade e poder, serviço e autorreferencialidade.

As mudanças no jeito de ser papa, no estilo pessoal que se distancia da imagem de um monarca que possui um poder isolado na Igreja, e age independente de qualquer órgão eclesial ou outro membro da hierarquia eclesial e da comunidade de fiéis, relaciona mais facilmente o modo de ser líder na Igreja Católica com lideranças de outras Igrejas. A imagem medieval de poder supremo foi criticada na Apologia da Confissão de Augsburgo: "Os nossos adversários gostariam talvez que a Igreja fosse definida como uma monarquia exterior [...] na qual o pontífice romano deve ter um poder ilimitado que ninguém tem o direito de discutir ou de colocar em juízo" (APOLOGIA..., 1996, p. 168). Essa imagem certamente não pode ser aplicada ao Papa Francisco. Ele impulsiona reformas efetivas no papado, o modo como exerce o ministério petrino já contém elementos que podem ser entendidos tanto como programáticos – para o conjunto de reformas na Igreja à luz do Vaticano II – quanto paradigmáticos – como horizonte teológico e pastoral no qual se compreende o ser da Igreja e a sua missão. Essa proposta ganha uma expressão privilegiada na dinâmica da sinodalidade.

c) Uma Igreja e governo na perspectiva sinodal

Mais do que uma mudança do estilo e/ou da imagem do papa, Francisco propõe uma nova concepção da caminhada eclesial, como um "caminhar juntos" que expresse a sua natureza sinodal. Então, a mudança maior é no redimensionamento eclesiológico da Igreja em saída, na sua reorganização estrutural, no modo de tomar decisões pela comunhão e participação de todos os membros da Igreja. Isso tem consequências práticas num governo que não quer decidir tudo sozinho (EG 16), mas colegialmente, concretizando os princípios do diálogo, na subsidiariedade e descentramento. Tal é o processo sinodal que integra nas decisões do pontífice a voz e as práticas dos demais pastores, do clero, de religiosos/as e de leigos/as.

Trata-se de um esforço concreto para a "cultura do diálogo" e do "encontro" na comunhão eclesial, movidos pela caridade. Trata-se de uma comunhão plural, na unidade pela diversidade, que precisa ser uma "comunhão sinodal" integrando laicato e ministério ordenado, harmonizando a hierarquia eclesial no conjunto da comunidade de fé. É o que Francisco propõe:

> Aquilo que o Senhor nos pede, num certo sentido, está todo já contido na palavra "sínodo". Caminhar juntos – leigos, pastores, bispo de Roma – é um conceito fácil de exprimir em palavras, mas não tão fácil de colocar em prática. [...] Uma Igreja sinodal é uma Igreja da escuta, consciente que escutar "é mais do que sentir" (EG 171). É uma escuta recíproca na qual cada um tem algo a aprender. Povo fiel, colégio episcopal, bispo de Roma: um à escuta do outro; e todos à escuta do Espírito Santo, o "Espírito da verdade" (Jo 14,17), para conhecer o que Ele "diz às Igrejas" (Ap 2,7) (FRANCISCO, 17/10/2015).

A sinodalidade tem implicações ecumênicas. O documento preparatório do atual processo sinodal pergunta:

> O diálogo entre cristãos de diferentes confissões, unidos por um único batismo, ocupa um lugar particular no caminho sinodal. Que relacionamentos mantemos com os irmãos e as irmãs das outras confissões cristãs? A que âmbitos se referem? Que frutos colhemos deste "caminhar juntos"? Quais são as dificuldades? (Aosb, 07/09/2021, item VII).

Na Igreja em saída, a sinodalidade precisa ser desenvolvida em perspectiva ecumênica, mostrando: 1) um redimensionamento interno da comunidade eclesial católica, explicitando que sua natureza sinodal não é vivida apenas pela hierarquia eclesial, mas numa corresponsabilidade entre ordenados e laicato, homens e mulheres, enfim toda a Igreja povo de Deus. 2) Isso deve favorecer para que Igrejas diferentes saibam realizar juntas o discernimento ou avaliação criteriosa do ensino do que Deus revelou em Cristo e seu Evangelho do Reino. Há situações no mundo e nas comunidades cristãs que exigem esse discernimento de forma ecumênica. 3) Numa caminhada sinodal ecumênica, cada Igreja é convidada a alargar suas estruturas de diálogo, decisão e governo para acolher a contribuição de lideranças de outras Igrejas, como também criar novas estruturas que recebam a colaboração de outras Igrejas.

Isso requer fortalecer o diálogo para um mútuo reconhecimento do ministério da *episkopé* exercido em Igrejas diferentes. Nesse diálogo não há ganhos para algumas Igrejas e perdas para outras. Todas crescem na compreensão e vivência do Evangelho, podendo "conservar-se firme nas próprias convicções mais profundas, com uma identidade clara e feliz, mas 'disponível para compreender as do outro' e 'sabendo que o diálogo pode enriquecer a ambos'" (EG 251). Teólogos católicos e luteranos entendem que "se poderia pensar uma práxis desse gênero para a unidade eclesial entre católicos e luteranos" (Cicl, 1994, n. 144), sem a necessidade de uma fusão de comunidades de Igrejas diferentes, como seria uma "unidade orgânica". A sinodalidade ecumênica visível na Igreja pode ser

> múltipla e variada. Não se limita à dimensão hierárquica da Igreja, mas abraça o serviço de todo o povo de Deus, inclui os carismas de todos os fiéis e se exprime também em estruturas e processos comunitários e sinodais (Cicl, 1994, n. 92).

Torna-se, assim, possível o desenvolvimento da sinodalidade ecumênica como "uma estrutura de Igreja local, na qual as nossas Igrejas, sem serem absorvidas, são de fato uma só coisa", como "unidade numa diversidade reconciliada" (Cicl, 1994, n. 127). Concretamente, isso acontecerá quando, com aprofundada consciência da ecumenicidade da própria identidade eclesial e no âmbito da cooperação em circunstâncias pastorais específicas, as comunidades de cada Igreja puderem manter relação com os seus próprios bispos, mas em muitas questões eles exercem em comum o ministério de orientar pastoralmente suas comunidades. Trata-se de um *crescendum* na comunhão, criando estruturas que expressam a unidade, a catolicidade e a apostolicidade da Igreja. A base para isso é o reconhecimento da pertença à mesma Igreja de Cristo, pela profissão da mesma fé apostólica, a comunhão no Batismo e na Eucaristia, o reconhecimento dos membros e dos ministérios, o testemunho comum no mundo (Cicl, 1994, n. 29).

O caminho para isso é longo e exigente, mas precisa ser percorrido. E nele se avança por etapas, que embasam graus diversos de exercício colegial da *episkopé* entre Igrejas que visam a comunhão plena.

Importante é que a sinodalidade ecumênica possibilite na Igreja uma comunhão dinâmica e plural, que se transforma e se conforma às situações em que o testemunho da fé, da esperança e do amor é exigido. Esses elementos impedem a rigidez das estruturas eclesiais e impulsionam o crescimento da comunhão. A meta é dar à Igreja a capacidade para um "caminhar juntos que expresse já agora a comunhão do Reino, mesmo se no estado de peregrina; o Reino ainda não é realizado plenamente". A sinodalidade ecumênica ganha, assim, um sentido escatológico, no horizonte do Reino, quando o estado e a qualidade de vida que teremos realizam a esperança de sermos *um em Cristo*.

2.2.4 Um ministério petrino para todas as Igrejas?

A consciência de que a superação dos obstáculos que o papado, na forma atual, pode criar para a reconciliação das Igrejas divididas implica uma coragem de rever o exercício desse ministério sustentado numa nova hermenêutica das Escrituras e da Tradição, de modo a recuperar a comunhão na fé e na vida sacramental do primeiro milênio da era cristã, e atualizá-la pelos resultados já atingidos no diálogo ecumênico. Isso leva a recuperar o significado do título *primus inter pares* (primado de honra) que o bispo de Roma possuía no período patrístico, com o qual o Patriarca Atenágoras referiu-se ao Papa Paulo VI, como o então Cardeal J. Ratzinger lembrou em uma correspondência ao metropolita ortodoxo Damaskinos:

> uma interpretação patrística do primado é exigida, além disso, pelo Concílio Vaticano II, quando afirma que a prática constante da Igreja é a favor da doutrina por ele ensinada, assim como os concílios ecumênicos, particularmente aqueles nos quais o Oriente era junto com o Ocidente na unidade da fé e do amor (RATZINGER, 2004, *apud* PIÉ--NINOT, 2016, p. 303).

Aberta está a possibilidade para que o primado seja exercido em uma "nova situação" (UUS 95; EG 32), o que não se trata apenas de uma aproximação no estilo de governo das diferentes Igrejas, mas da possibilidade de uma ampla revisão teológica e canônica, de modo a favorecer uma real interação em forma de intercâmbio e de cooperação na missão de salvaguardar a unidade da Igreja.

O novo modo de exercer o ministério petrino na Igreja "em saída" dialoga melhor com aquelas formas de governo que nas outras Igrejas se realizam de forma sinodal e conciliar. Retomamos aqui o que já foi apresentado em outro estudo sobre modelos de exercício do ministério petrino (WOLFF, 2007, p. 113-117). Em geral, as Igrejas apresentam como principais modalidades da autoridade universal um concílio geral, um colégio de bispos, um bispo. Destas modalidades destacam-se o modelo primacial na tradição católica e o conciliar nas demais tradições:

1) Na *autoridade primacial*, um bispo, após consultado os demais, pode falar em nome deles e em nome da Igreja toda, com a missão de possibilitar a comunhão entre as Igrejas, deixando liberdade e espontaneidade para os bispos nas suas Igrejas locais (Cicl, 1994b, p. 554-587)[6] – não se pretende a uniformidade ou a centralização administrativa em detrimento da diversidade legítima. No diálogo católico-ortodoxo-anglicano, a primazia atinge aproximações teológicas consideráveis. Mas isso não acontece no diálogo com outras Igrejas. A questão levantada é se esse tipo de autoridade é algo "necessário" ou apenas uma "função possível" na Igreja. E sobre a forma católica de exercer o primado, as Igrejas da Reforma, por muito tempo, temiam que o papado suprimisse o Evangelho e, portanto, fosse um obstáculo à autêntica unidade cristã. Os progressos no diálogo permitem hoje a algumas Igrejas afirmarem que "o ministério do papa, entendido como sinal visível da unidade das Igrejas, não foi excluído, desde que seja subordinado, através de uma reinterpretação teológica e uma reestruturação prática, ao primado do Evangelho" (Cicl, 1994b, n. 66)[7]. Em

---

6. Existem diferentes formas de primazia. Nas Igrejas Católica e Anglicana, por exemplo, "os ofícios do arcebispo metropolitano ou patriarca de uma Igreja Católica Oriental são primaciais por natureza. Cada província anglicana tem seu primaz, e o encontro de primazes serve a toda a comunidade. O arcebispo de Canterbury exerce um ministério primacial em toda a comunhão anglicana" (Arcic, 1999, n. 45).

7. Cf. tb. a intervenção de Melâncton na conclusão dos artigos de Esmalcada, Tratado da autoridade e Do primado do papa: "sobre o papa, porém, entendo que, se quisesse deixar livre curso ao evangelho, devemos também da nossa parte conce-

termos de hipótese, existe a possibilidade do reconhecimento que "um primado universal poderia bem servir como ponto focal da unidade e como ministério da unidade de toda a Igreja" (Mercic, 1995, n. 58). O diálogo católico-anglicano concluiu que a primazia universal é "um dom a ser compartilhado [propondo] que tal primazia seja oferecida e recebida mesmo antes de nossas Igrejas atingirem uma comunhão plena" (Arcic, n. 60, 2006).

2) O modelo *conciliar* afirma que a Igreja reunida em concílio ecumênico pode tomar decisões que iluminam a compreensão da verdade do Evangelho. Para as Igrejas da Reforma, o Concílio é o lugar do consenso e, portanto, da unidade da Igreja. Os decretos que daí surgem são autoritativos e vinculantes nas afirmações de fé, pois estão intrinsecamente ligadas às verdades fundamentais da salvação: "Na medida em que a Igreja num determinado tempo ensina as verdades da salvação originariamente ensinadas nas Escrituras, o seu ensinamento é vinculante" (Mercic, 1995, n. 66). Isso ajudaria a compreender que as Igrejas locais têm uma comunhão estreita de uma para com as outras e a Igreja universal, sem precisarem por isso abandonar suas legítimas características.

A prática das Igrejas permite considerar ambos os modelos – primacial e conciliar – como serviço para a *koinonia*. Progredindo no diálogo, as Igrejas poderão alcançar um equilíbrio entre esses modelos como proposta ideal para o exercício da autoridade na comunidade cristã. A teologia católica entende que a instituição da primazia se justifica pela finalidade de "manter a coesão da comunhão entre as Igrejas (e seus pastores), mantê-los todos na unidade. Esta finalidade fundamenta os poderes necessários para o seu cumprimento e serve de medida a seu exercício ou a seu uso" (CONGAR, 1997, p. 28). Os luteranos admitem que, "quando se coloca a questão do serviço da unidade da Igreja em nível universal, podem voltar o seu olhar não somente a um concílio futuro ou à responsabilidade da teologia, mas também a um particular ministério de Pedro" (Cicl, 1994e, n. 73, p. 654-692). Ambos, primazia e concílio, pertencem à *episkopé*, e ne-

---

der-lhe autoridade sobre os bispos, que possui *iure humano*, por amor à paz e à unidade geral dos cristãos que agora estão sob ele e dos que no futuro quiserem estar".

les encontra-se também uma participação responsável de todo o povo de Deus. Afinal, é a fé de todos os batizados que cada bispo profere com o corpo de bispos em concílio. E é essa fé que o bispo de Roma, em determinadas circunstâncias, tem o dever de discernir e tornar explícita. Assim, "o modelo de complementaridade entre os aspectos primaciais e conciliares da *episkopé* a serviço da *koinonia* das Igrejas deve ser realizado no plano universal" (Cicl, 1994c, p. 42-68). Fica aberta no diálogo ecumênico a questão se essa forma de ensinamento autorizado tem garantia mais forte do Espírito do que a que tem as definições solenes de concílios ecumênicos, o que é afirmado pela doutrina católica contra as tendências conciliaristas desde Constança (1414, 1418).

Para que o papado possa ser um serviço à unidade cristã é importante que dele se tenha uma compreensão no horizonte da sacramentalidade da Igreja e do episcopado, sobretudo da "potestade sacramental", da qual a origem sacramental é a causa e a jurisdição está no nível da sua condição (cf. LG 22). Assim, a "jurisdição universal eclesiástica" do papa não diz que ele é um monarca absoluto, com vontades e leis irrevogáveis. A "honra" do primeiro não é no sentido protocolar mundano, "pois o amor na Igreja é o serviço, a obediência a Cristo" (RATZINGER, 2004, *apud* PIÉ-NINOT, 2016, p. 303). Dessa forma, a "conversão pastoral do primado" (EG 32) pode levá-lo a um verdadeiro ministério e à diaconia (LG 24), e o papa "preside a Igreja para servi-la" (São Bernardo) como o "servo dos servos de Deus" (Gregório Magno).

2.3 Horizonte pastoral e missionário

A ecumenicidade das reformas que possibilita uma Igreja em saída ecumênica ganha concretude na ação pastoral e missionária. O ecumenismo nasceu em contexto missionário e com a finalidade de fortalecer a missão: "para que todos creiam" (Jo 17,21). A missão é o teste das convicções ecumênicas das Igrejas. Isso requer de todas elas um verdadeiro redimensionamento das opções pastorais e dos projetos de missão.

2.3.1 A missão como ecumenismo da misericórdia

O Vaticano II possibilitou um pluralismo de modelos pastorais, buscando superar o uniformismo na evangelização; fez a opção pela postura de misericórdia no lugar da severidade e da condenação, pela qual a Igreja não se entende julgadora do mundo, das pessoas, de outras Igrejas e religiões, mas humilde companheira na busca da verdade. Nessa dinâmica, a Igreja em saída busca ser para a humanidade "uma mãe de coração aberto", "casa aberta do Pai" (EG 47). Mostra que o ser de Deus é misericórdia (Lc 6,36), e sua missão é expressar isso ao mundo, mostrando que "a misericórdia é a maior das virtudes" (EG 37). Isso concretiza-se num "amor que se abre a todos" (FT 82). Desse modo, a missão precisa "ampliar nosso círculo, dar à nossa capacidade de amar uma dimensão universal capaz de ultrapassar todos os preconceitos, todas as barreiras históricas ou culturais, todos os interesses mesquinhos" (FT 83).

A missão como exercício da misericórdia é ecumênica. Não visa unir as Igrejas para se fecharem em si mesmas e assim se oporem com mais força ao mundo. A unidade é para fortalecer o testemunho da misericórdia: "Felizes os misericordiosos, porque alcançarão misericórdia" (Mt 5,7). E isso "para que o mundo creia" (Jo 17,21). É sempre atual a questão levantada na Conferência Missionária de Edimburgo, em 1910, que dá origem ao movimento ecumênico moderno: O Cristo que as Igrejas pregam serve mais para unir ou para dividir as pessoas que as ouvem? A resposta a esta questão é fundamental para fortalecer a cooperação ecumênica na missão, ajudando as Igrejas no discernimento sobre o que pregam e em que medida Cristo está, de fato, no centro dos seus projetos missionários. O Papa Francisco afirmou em seu discurso à delegação da Igreja Luterana da Finlândia (18/01/2016): "Num mundo frequentemente dilacerado pelos conflitos e marcado por secularismo e indiferença, todos unidos somos chamados ao compromisso de confessar Jesus Cristo, tornando-nos cada vez mais testemunhas críveis de unidade e artífices de paz e de reconciliação".

Francisco reforça, assim, o que o Vaticano II orienta aos cristãos: "Por um esforço comum e em estima mútua deem testemunho da nossa esperança, que não engana" (UR 12). Isso exige das Igrejas a capacidade de lançarem um olhar comum para a realidade e discernirem as interpelações que daí emerge para a fé cristã. Então elas podem elaborar projetos comuns de ação, comungando nos objetivos – sem necessariamente uniformizar linguagem e método –, de modo a explicitar o testemunho comum do Evangelho.

E a razão disso também é comum: a "nossa esperança que não se confunde" (Rm 5,5); isto é, que em Jesus Cristo temos a "vida plena em abundância" (Jo 10,10). Essa esperança se realiza no Reino de Deus, já presente de forma germinal na humanidade, e que tem a Igreja como seu sinal e instrumento (LG 1;5), com plena realização no horizonte escatológico. A missão ecumênica é "dar voz a diversos caminhos de esperança" como "sementes de bem na humanidade" (FT 54). Isso desacomoda as Igrejas, coloca-as em postura de saída das zonas de conforto em suas estruturas e doutrinas "para se abrir aos grandes ideais que tornam a vida mais bela e digna" (FT 55) para todas as pessoas.

2.3.2 A concretude do ecumenismo nas estruturas da missão

Para que isso seja possível faz-se necessário um corajoso e profético redimensionamento teológico e eclesiológico na compreensão das estruturas de missão, com real incidência na Igreja local, renovando as paróquias como "comunidades de comunidades" na perspectiva de "saída". O objetivo de repensar e reorganizar as estruturas de missão é para "fazer com que todas elas se tornem mais missionárias, que a pastoral ordinária em todas as suas instâncias seja mais comunicativa e aberta, que coloque os agentes pastorais em atitude constante de 'saída' e, assim, favoreça a resposta positiva de todos aqueles a quem Jesus oferece a sua amizade" (EG 27). Desse modo, as estruturas de ação pastoral e missionária têm mais possibilidades de assumirem o ecumenismo não como eventos pontuais na vida das paróquias e das dioceses, mas conteúdo, dimensão e meta de todo agir eclesial. Assim, o ecumenismo configura o cotidiano da missão, contemplado como uma prioridade na agenda pastoral das comunidades, sobretudo nos tempos litúrgicos especiais, como Advento, Natal, Quaresma e Páscoa.

Como toda ação pastoral e missionária, também o ecumenismo se faz processo, aprofunda-se e se amplia por opções, formação e planejamento. Isso é fundamental para assumir áreas de missão que exigem das Igrejas uma presença e ação conjuntas. E tal é fundamental para a concretude da causa ecumênica. A Igreja em saída convida todas as pessoas cristãs para colaborarem na superação das crises de um mundo que tem "sonhos desfeitos em pedaços" (FT 10-12); a terem "a coragem de alcançar todas as periferias que precisam da luz do Evangelho" (EG 21); e construírem um mundo que seja *Fratelli Tutti,* cuidando de todas as formas de vida no planeta (LS). Os problemas constatados no mundo onde a globalização discrimina são grandes demais para que uma Igreja possa, sozinha, buscar alguma solução. O desemprego, o empobrecimento, a fome e a violência, entre outros, exigem a ação conjunta das Igrejas e das religiões, em vista da promoção da dignidade da pessoa, a afirmação dos direitos humanos, o cuidado da criação. Acontece, assim, uma presença pública das Igrejas, pela qual proclamam juntas "o Evangelho na vida social" (UR 12). Então, além de favorecer a unidade cristã, "o ecumenismo é uma contribuição para a unidade da família humana" (EG 245). A missão das Igrejas realiza-se por um ecumenismo de serviço, como afirmou o Papa Francisco no discurso à Delegação da Comunhão das Igrejas Reformadas:

> Há urgente necessidade de um ecumenismo que, juntamente com o esforço teológico em vista de recompor as controvérsias doutrinais entre os cristãos, promova uma *comum missão de evangelização e de serviço.* Indubitavelmente, já existem numerosas iniciativas e boas colaborações em vários lugares. Mas todos nós podemos fazer ainda mais, juntos, para dar um testemunho vivo "a todo aquele que nos perguntar a razão da nossa esperança" (cf. 1Pd 3,15): transmitir o amor misericordioso do nosso Pai, que recebemos de graça e generosamente somos chamados a dar de graça (FRANCISCO, 10/06/2016).

É visível que a proposta de missão da Igreja em saída tem dimensão ecumênica, e que o ecumenismo se expressa de um modo privilegiado pela missão. Nenhuma Igreja é uma realidade isolada do cristianismo mundial, de modo que o que nela ocorre tem algum tipo de repercussão no conjunto das Igrejas, e vice-versa. O lema ecumênico para as Igrejas poderia ser este: saindo juntas para o testemunho do Evangelho no mundo. Nenhuma Igreja deveria fazer separadamente aquilo que é possível fazer com outras. Elas podem buscar juntas as respostas aos questionamentos que o mundo atual apresenta à verdade cristã; contribuir conjuntamente para diminuir o sofrimento das pessoas que vivem nas periferias geográficas e existenciais; favorecer para que haja mais integração e cooperação entre os povos, com relações de justiça e de paz; criar estruturas mais acolhedoras, para que as diferenças delas encontrem abrigo e suporte na fé e no sentido do viver. Urge acentuar na missão mais o que é comum às Igrejas do que o particular. A base para isso é reconhecer a fé comum que impulsiona a caminhar decididamente para formas comuns de anúncio, de serviço e de testemunho. Assim, o esforço por uma unidade que facilite a acolhida do Evangelho de Cristo no mundo deixa de ser mera diplomacia ou um dever forçado, para se transformar num caminho imprescindível da evangelização (EG 246).

Isso requer uma conversão ecumênica, tanto pessoal quanto institucional, de modo a formar um jeito de ser Igreja que tenha melhores condições de responder ao desejo de unidade manifestado por Jesus: sejam um (Jo 17,21). A conversão ecumênica das estruturas de missão deve atingir todas as instâncias da Igreja, possibilitando uma efetiva relação e partilha pastoral com outras Igrejas, no discernimento das exigências da missão e nas opções que constroem o processo pastoral. Essa conversão ganha força no atual Sínodo sobre a Sinodalidade na Igreja Católica, ciente de que "O processo sinodal é também uma oportunidade para aprofundar o caminho ecumênico com as outras confissões cristãs" (*Vademecum,* 2.4, item 5). Então, é preciso responder com convicção às perguntas dos documentos do Sínodo sobre a Sinodalidade:

Que relacionamentos mantemos com os irmãos e as irmãs das outras confissões cristãs? A que âmbitos se referem? Que frutos colhemos deste "caminhar juntos"? Quais são as dificuldades? (*Documento Preparatório*, n. 30, VII. • *Vademecum*, n. 5.3, VIII).

É nessa direção que o Papa Francisco propõe reformas estruturais na Igreja, como veremos a seguir.

a) Nas estruturas centrais da Igreja

A Cúria Romana é um organismo que trata "questões da Igreja universal, em nome e com a autoridade do sumo pontífice" (CIC, can. 360). Mas as coisas não vão muito bem...! Em dezembro de 2014 e 2015, o Papa Francisco falou de um "catálogo de doenças curiais". Criticou a planificação excessiva e o funcionalismo, o "alzheimer espiritual", a rivalidade e a vanglória, a deificação de pessoas, a indiferença para com os outros, os círculos fechados, o lucro mundano, os exibicionismos (FRANCISCO, 22/12/2014). Trata-se de características pessoais que influenciam negativamente na condução de projetos e processos eclesiais. Em dezembro de 2016 ele apresentou aos cardeais da Cúria 12 critérios para a continuidade das reformas que pretende fazer, dentre os quais: a conversão pessoal, a conversão pastoral, a missionariedade (fé cristocêntrica), a atualização, a sobriedade, a subsidiariedade, a sinodalidade, a catolicidade (FRANCISCO, 22/12/2016). Isso mostra coerência com a convicção de que "também as estruturas centrais da Igreja universal precisam ouvir esse apelo a uma conversão pastoral" (EG 32).

A pergunta que se faz é como a conversão pode acontecer concretamente. Como poderão ser efetivamente melhores as relações entre o papa e a Cúria Romana, a Cúria e o sínodo dos bispos, o sínodo e todo o colégio episcopal, os bispos e os presbíteros, os presbíteros e toda a comunidade paroquial? Sem melhoria nessas relações, que expresse uma real conversão em perspectiva missionária, mudança alguma será possível na Igreja. Com relação à Cúria, já foi perguntado: "O que impediria ao papa de deixar de ser o responsável direto pela Cúria?" (LEGRAND, 2016, p. 179). E o mesmo autor da pergunta sugere que o papa poderia ter um conselho para si mesmo, e a Cúria outro conselho, que prestaria contas tanto ao papa quanto ao colégio dos bispos, "representado, por exemplo, pelo conselho do sínodo dos bispos junto ao papa" (LEGRAND, 2016, p. 180). Isso tem forte motivação pastoral, se observado que a Cúria não consegue resolver todas as questões de que trata, tanto no âmbito universal quanto sobre as Igrejas locais. Observa-se que ela "deve poder continuar a agir com uma autoridade real sobre os bispos", mas com um significativo melhoramento de suas relações com o colégio episcopal (LEGRAND, 2016, p. 180). Para isso, diz esse autor que é fundamental o papa perceber quando está agindo de forma livre em relação à Cúria Romana e quando por ela está cerceado; ou quando a Cúria está a serviço das conferências episcopais e das Igrejas locais e quando estas estão submissas àquela.

É importante mostrar que a proposta de reforma da Cúria Romana tem alcance ecumênico. Já foi observado que, "sejam quais forem as decisões tomadas no tocante à reforma da Cúria, terão repercussões nas relações entre as confissões cristãs" (ALTMANN, 2013, p. 134). Lutero, Calvino e os demais reformadores fizeram duras críticas à Cúria, sobretudo ao seu estilo burocrático, legalista e concentrador. Também em nossos tempos é comum a impressão que o entrave maior para as relações ecumênicas (e inter-religiosas) não está, efetivamente, no papa, mas na Cúria. Se observarmos os papas João XXIII e Francisco, por exemplo, verificamos atitudes ecumênicas que indicam a clara vontade de agilizar o processo de reconciliação com outras Igrejas. Mas entre eles e as Igrejas está a Cúria Romana, que expressa uma elevada dificuldade para acolher e agilizar a realização das propostas ecumênicas, tanto dos papas quanto do Vaticano II. Exemplo disso é a Declaração da Congregação para a Doutrina da Fé, *Dominus Iesus* (2000), que fez uma hermenêutica estreita de determinados ensinamentos do Concílio, dificultando tanto o diálogo ecumênico quanto o inter-religioso.

É claro que a Igreja, como instituição humana e terrena, precisa de um centro administrativo e coordenador, em âmbito universal e local, da vivência da fé dos fiéis. Nisso as Igrejas em diálogo estão de acordo. Mas esse centro não pode ser entendido como o único capaz de decidir sobre a compreensão e a vivência da fé, sem ouvir e aceitar a legitimidade da fé vivida fora do centro. Assim, a reforma da Cúria Romana implica ouvir mais as conferências episcopais e as Igrejas locais espalhadas em todo o mundo. E numa real busca comum da verdade cristã, a Cúria também poderia exercitar a prática de ouvir as Igrejas parceiras do diálogo sobre temas teológicos e doutrinais sobre os quais ela pretende se posicionar. Isso não implica deixar de cumprir sua responsabilidade de assessoria ao papa. Pelo contrário, a assessoria que a Cúria presta ao papa seria ainda mais frutífera se ela o orientasse para um posicionamento ecumênico sobre questões socioculturais, teológicas e eclesiais, de modo a não falar isoladamente das outras Igrejas, o que pode aprofundar ainda mais a divisão entre elas. Nesse sentido, o serviço da Cúria poderia ser útil para o esclarecimento de questões doutrinais para todo o mundo cristão. É importante observar que o Papa Francisco mostra essa sensibilidade em documentos como *Evangelii Gaudium, Laudato Si', Christus Vivit, Gaudete et Exultate, Amoris Laetitia, Fratelli Tutti*. Os temas neles abordados, ainda que os destinatários diretos sejam os fiéis católicos, em muito podem ser acolhidos também por membros de outras Igrejas. As encíclicas *Laudato Si'* e *Fratelli Tutti* são claras nisso. E é nesse sentido que o papa presta um serviço de unidade na fé, ainda que seu magistério não seja normativo para todas as comunidades cristãs.

É de se esperar que as atuais reformas que Francisco propõe para a Cúria Romana contribuam para o diálogo do catolicismo com outras Igrejas. O fato de a Cúria ter uma estrutura mais leve, com dicastérios coordenados também por leigos e não exclusivamente por bispos, tendo mulheres com responsabilidades importantes na estrutura da Igreja, já é um passo nessa direção. E no espírito da sinodalidade e da colegialidade, Francisco dá sinais de um novo estilo de ser papa, que pode deixar de ser o responsável "direto" da Cúria, como sugerido acima. Mas, sendo realista, isso não é uma tarefa que possa ser realizada por um pontificado apenas. Mudanças na concepção do papado e na Cúria Romana exigem continuidade no tempo.

b) Nas conferências episcopais

Ao longo da história as conferências episcopais foram destituídas dos meios que lhes permitem agir com autonomia e, simultaneamente, na comunhão com Roma. Atualmente, elas apenas com dificuldades se fazem ouvir em suas solicitações e contribuições às instituições centrais da Igreja. Por isso, as conferências episcopais praticamente não possuem nenhum poder de decisão sobre questões cotidianas das Igrejas por elas representadas. O Papa Francisco entende muito bem a razão disso: é que "ainda não foi suficientemente explicitado um estatuto das conferências episcopais que as considere como sujeitos de atribuições concretas, incluindo alguma autêntica autoridade doutrinal" (EG 32).

Para isso é importante afirmar que, no modelo das antigas Igrejas patriarcais e retomando o n. 23 da *Lumen Gentium*, "as conferências episcopais podem aportar uma contribuição múltipla e fecunda, para que o sentimento colegial leve a aplicações concretas" (EG 32). A novidade é que isso deve ir além da questão pastoral. O Papa Francisco incentiva para esclarecer o estatuto das conferências episcopais, considerando-as "sujeitos de atribuições concretas", com possível "autoridade doutrinal"[8]. E isso condiz com o esforço de "descentralização" do poder na Igreja, como propõe corajosamente o Papa Francisco: "não convém que o papa substitua os episcopados locais no discernimento de todas as problemáticas que sobressaem nos seus territórios" (EG 16).

O que de fato se propõe é fortalecer o espírito de colegialidade e sinodalidade na Igreja pela prática de um real intercâmbio, diálogo e cooperação. Nisso se expressa concretamente a comunhão eclesial. Para que tal aconteça, é fundamental acolher a "contribuição múltipla e fecunda" que cada conferência episcopal oferece à compreensão e à vivência do Evangelho. Trata-se de retomar algo da Igreja patrística, em que cada patriarcado tinha considerável autonomia para a condução do processo de evangelização e, inclusive, definição de

---

8. Cf. tb. JOÃO PAULO II. *Motu proprio* Apostolos Suos (21/05/1998), n. 14-24. Disponível em https://www.vatican.va/content/john-paul-ii/pt/motu_proprio/documents/hf_jp-ii_motu-proprio_22071998_apostolos-suos.html

verdades de fé. Desse modo, devolve-se às Igrejas particulares a condição de sujeitas de direito e de iniciativas que contribuem para a Igreja universal.

Assim, a comunhão eclesial é, de fato, comunhão entre Igrejas particulares, Igrejas regionais e destas com a Igreja universal, num real equilíbrio das relações entre o primado petrino e o colégio episcopal. A Igreja em saída avança nessa direção com o programa de descentralização, sabendo que "uma centralização excessiva, em vez de ajudar, complica a vida da Igreja e sua dinâmica missionária" (EG 32). Exemplo disso é a intensificação das experiências de sinodalidade no pontificado de Francisco, como se observa no Sínodo sobre a Família (2015), no Sínodo para a Amazônia (2019) e no Sínodo sobre a Sinodalidade (2021 a 2024). São verdadeiros exemplos do exercício convicto de colegialidade, subsidiariedade e corresponsabilidade não apenas entre os bispos e o papa, mas de todo o povo de Deus. Essa eclesiologia definitivamente supera a concepção tradicional da Igreja formulada em torno do juridicismo e visibilismo institucional centrado no clero e no governo papal.

As implicações ecumênicas do fortalecimento das conferências episcopais são notórias. A elas cabe a orientação da ação pastoral e missionária da Igreja Católica em cada país ou região. E nessas orientações, emanadas na perspectiva conciliar, o ecumenismo está contemplado. Elas têm efetivo conhecimento do pluralismo eclesial e religioso de cada país/região, de modo que nesse pluralismo identificam as comunidades de fé parceiras do diálogo. Igualmente, elas conhecem os desafios para a pastoral/missão e podem discernir os desafios que requerem uma ação conjunta das diferentes Igrejas. Em função disso, a Conferência Nacional dos Bispos do Brasil, por exemplo, criou a "Linha 5" do Plano de Pastoral de Conjunto, ainda em 1966, a dimensão ecumênica das atuais Diretrizes da Ação Evangelizadora da Igreja do Brasil. Para que tal aconteça, ela também criou a Comissão Episcopal Pastoral para o Ecumenismo e o Diálogo Inter-religioso. Além disso, participa de organizações ecumênicas, como a Coordenadoria Ecumênica de Serviço (Cese, 1973) e o Conselho Nacional de Igrejas Cristãs do Brasil (Conic, 1982), bem como comissões nacionais de diálogo bilateral, como a católico-luterana (1975) e a anglicana-católica romana (1982). Outras conferências episcopais têm orientações e organizações semelhantes. Dentre os frutos dessa organização ecumênica se destacam o mútuo reconhecimento do Batismo, entre as Igrejas-membro do Conic; inúmeros seminários de formação ecumênica; e projetos de cooperação na ação social desenvolvidos pelo Conic e a Cese.

c) Na paróquia

A Igreja local é formada por comunidades de fiéis que organizam a vivência da fé por proximidade territorial e afetiva, formando a comunidade paroquial. Ali formam-se as paróquias, nas quais a fé é recebida, celebrada e fortalecida pelo testemunho na sociedade em que elas se se encontram.

A renovação da Igreja local passa pela renovação das paróquias ou, como dizem os bispos do Brasil, uma "paróquia renovada", que seja "comunidade de comunidades" (CNBB, 2014). Por séculos, a compreensão e organização da paróquia foi centrada numa visão feudal e patrimonialista, posse de um pequeno número de fiéis socialmente privilegiados. Com a valorização da Igreja local, o Vaticano II influenciou na transformação das paróquias, transcendendo as fronteiras que impediam os fiéis de se sentirem membros constitutivos da "porção do povo de Deus". Os párocos sentem a necessidade de comungar com o bispo e o seu presbitério, partilhando as responsabilidades na missão.

Nesse sentido busca-se hoje "reparoquializar" e reorganizar as comunidades eclesiais, sobretudo no contexto urbano. Enquanto o cânon 518 do Código de Direito Canônico usa o critério territorial como regra para a formação da paróquia, e não territorial como exceção, o cânon 515 enfatiza a paróquia como "comunidade", "estabilidade", "vínculo". Aqui, "território" diz respeito ao espaço humano, de significado social, que não se identifica com o espaço físico, geográfico. O dado teológico/pastoral e o sócio-histórico se distinguem, mas não estão separados no conceito de *paróquia* (PORTELLA AMADO,

2010, p. 78). Em nossos dias tornam-se mais visíveis as comunidades não territoriais, ambientais ou de interesse, de natureza *trans, supra* ou *inter* paroquiais/*inter* territoriais (*Documento de Santo Domingo*, n. 257). E desafios particulares são apresentadas pelo *ambiente virtual*, que rompe definitivamente com a territorialidade física, indicando outras modalidades de orientação às comunidades, com outras formas possíveis de "territorialização".

Ciente de tal complexidade, o Papa Francisco entende que a paróquia "possui uma grande plasticidade, pode assumir formas muito diferentes que requerem a docilidade e a criatividade missionária" (EG 28). O papa comunga com o Vaticano II no entendimento de que a paróquia, como base da Igreja local, é formada por todos os cristãos que em função do Batismo se sentem comprometidos com a evangelização. É importante que ela seja "comunidade de comunidades, santuário onde os sedentos vão beber para continuarem a caminhar" (EG 28). Então a paróquia ganha novo vigor no processo da evangelização, de modo que pode hoje pode ser compreendida como uma "rede de comunidades" (CNBB, 2014, p. 12) que fazem uma real experiência da comunhão na fé, a partilha de vida, o testemunho comum do Evangelho.

Temos então uma "paróquia em saída", na qual os dois modelos (territorial e não territorial) podem conviver, mesmo se entre tensões. De um lado, a territorialidade encarna num espaço geográfico e social. Mas esse espaço não pode ser rígido, de forma a propor uma configuração eclesial uniforme, como única oferta de vida comunitária. De outro lado, a não territorialidade não pode configurar comunidades de fé abstratas, pautadas em interesses circunstanciais de indivíduos ou grupos, sem uma articulada pastoral de conjunto. As diferenças podem se complementar no anúncio e na vivência do Evangelho. Sobretudo no atual mundo urbano, a territorialidade precisa ter flexibilidade para dialogar com a realidade pluralista que aí se manifesta, a qual oferece diversas possibilidades para a concretização da comunidade de fé; e a não territorialidade mostra que a partilha da fé não está presa à proximidade física. As duas formas podem criar uma "estrutura paroquial em rede" (PORTELLA, 2010,

p. 85). O fundamental é que a paróquia tenha poder de capilarização ou nucleação comunitária. Aqui tem efetiva relação entre eclesialidade e espaço. As exigências eclesiológicas são as mesmas: a fé, a comunhão de vida, a celebração e a missão.

É no cotidiano da vida paroquial que o ecumenismo deve ser assumido na perspectiva de uma "paróquia em saída". Afinal, é na paróquia que acontece a concretização das orientações ecumênicas da Igreja local e das conferências episcopais. O desafio é fazer com que essas orientações ecumênicas penetrem na agenda das paróquias, perpassando sua vivência de fé. Isso requer formação ecumênica dos presbíteros, como orienta o *Diretório ecumênico*, como "ministros do diálogo" (WOLFF, 2004), ajudando para que as Igrejas conversem sobre suas teologias e suas práticas pastorais e missionárias. O ministério da reconciliação que eles desenvolvem pode contribuir muito para reconciliar as diferentes Igrejas. E isso se dá concretamente na partilha da vivência de fé e de opções pastorais. Para isso, requer-se párocos que estejam convictos do ecumenismo como elemento identitário do ser e da missão da Igreja. Em muitas paróquias constata-se o esforço para realizar atos ecumênicos, como celebrações ou eventos que acolhem representantes de Igrejas diferentes. Mas tais eventos não podem ser desarticulados, momentâneos, que não criam relações ecumênicas estáveis. Isso não é o suficiente para uma paróquia expressar a identidade ecumênica da Igreja e desenvolver a dimensão ecumênica da missão. É necessário possibilitar que as paróquias mantenham relações frequentes com as diferentes Igrejas próximas, que se visitem mutuamente, intercambiando experiências de fé, tendo claros os desafios para a fé cristã na mesma região em que se encontram. Então podem construir uma agenda comum para determinados projetos de missão. Isso fará da paróquia um verdadeiro espaço de diálogo e de cooperação ecumênica, dando testemunho do Evangelho que é por todas crido e pregado.

CONCLUSÃO DA PARTE I

A partir do Concílio Vaticano II, reformas na Igreja, no sentido de renovação e atualização, são desejadas e buscadas em diversas instâncias e âmbitos da vida eclesial. Trata-se de uma necessidade da própria Igreja, fiel à sua identidade, natureza e missão. O magistério do Papa Francisco revigora esse esforço, compreendendo as reformas num processo de conversão eclesial: "o Vaticano II apresentou a conversão eclesial como a abertura [da Igreja] a uma reforma permanente de si mesma por fidelidade a Jesus Cristo" (EG 26).

Nessa direção, propõe-se uma Igreja em saída ao diálogo com outras Igrejas, percorrendo caminhos ecumênicos na direção de uma comunhão plural na fé e na missão. Não é dito que o processo de reconfiguração eclesial desencadeado pela Igreja em saída leve automaticamente a um fortalecimento dos compromissos ecumênicos na Igreja Católica; mas certamente favorece para isso, e seria contraditório não fazê-lo. A proposta de reforma eclesial na perspectiva da "saída" tem um importante alcance ecumênico, favorecendo o caminhar da Igreja Católica na direção da unidade cristã. O processo de reformas conduz ao descentramento e à abertura para o diálogo com diferentes formas de crer, no mundo cristão e além. Reformas eclesiais, Igreja em saída e ecumenismo se exigem mutuamente. Nisso,

> a teologia do povo, a reforma, a hierarquia das verdades e a recepção [dos resultados dos diálogos ecumênicos] são quatro princípios teóricos relativos ao pensamento do Papa Francisco, que têm profundas repercussões para as ações possíveis da parte da Igreja Católica, a serem tomadas em nome do ecumenismo nos anos futuros (HENN, 2016, p. 388).

Assim, compreende-se melhor que a cultura do diálogo requer fortalecimento, também do diálogo ecumênico como intrínseco à configuração de uma Igreja em saída, com as reformas propostas, exigindo e fundamentando uma interação entre as diferentes instâncias, teologias e posturas, de modo a favorecer a busca da unidade na fé cristã. Tal é o que observamos no processo sinodal, como um verdadeiro "caminhar juntos" no discernimento das verdades cristãs, da organização da vivência eclesial dessas verdades, dos processos de missão. Nisso, o maior ganho seria uma sinodalidade ecumênica, como jeito de ser e agir da Igreja para um efetivo testemunho comum do Evangelho no mundo atual.

Esse novo jeito de a Igreja ser favorece o diálogo e a cooperação na defesa e promoção da vida humana e da fraternidade universal, como orienta *Fratelli Tutti*; no cuidado da Casa comum, como orienta *Laudato Si'*; para um Pacto Educativo Global (12/11/2019). São tarefas comuns, que requerem das Igrejas a capacidade de cooperarem por um mundo melhor, de modo que a unidade cristã se torne serviço para a unidade da humanidade. Elas podem, juntas, desenvolver a cultura do diálogo e do encontro, o que requer tanto redimensionamento *ad intra* em cada uma, quanto *ad extra*, por parcerias com os povos, as culturas e as religiões, no cuidado da vida do ser humano e da criação, na construção da paz e da justiça global.

PARTE II

SAIR AO ENCONTRO DAS RELIGIÕES E DAS CULTURAS

A compreensão da meta ecumênica na perspectiva cristã exige uma visão realista do atual contexto religioso global, compreendendo suas implicações para a vivência do Evangelho hoje e suas exigências para uma postura dialogal ampla da parte da Igreja. Isso implica aprofundar a compreensão do atual pluralismo religioso, em perspectiva sociocultural e teológica, discernindo como dialogar com essa realidade e entendendo esse diálogo como método e dimensão da missão. No encontro com as diferentes tradições religiosas cresce o número dos parceiros de caminhada e se fortalecem os passos pela fraternidade humana universal, como também o cuidado da criação, dois urgentes desafios para o diálogo inter-religioso.

Ao olhar para as religiões, o Papa Francisco não está preocupado com questões teóricas e já clássicas, como a pergunta pela validade de uma religião, se ela está ou não vinculada ao desígnio de Deus e se Ele salva por ela. Mesmo se tais questões têm pertinência no diálogo entre credos, Francisco não se detém nelas e aponta para um diálogo prático, de cooperação por um mundo melhor. As questões teológicas não estão de todo resolvidas, mas já são trabalhadas o suficiente para garantir à Igreja o diálogo e a cooperação com outras religiões. A base teológica para isso é o reconhecimento que Deus trabalha nas diferentes religiões (FT 271) e "não rejeita nada do que é verdadeiro e santo" nelas (NA 2).

O documento assinado com o Grão Iman Al-Azhar Ahmed Al-Tayyib sobre a Fraternidade Humana (2019) afirma: "O pluralismo e a diversidade de religiões, cor, sexo, raça e idioma são queridos por Deus em sua sabedoria, por meio da qual Ele criou os seres humanos". A afirmação é corajosa, pois coloca o pluralismo religioso na vontade de Deus – "querido" por Ele no conjunto das expressões de sua "sabedoria". Com isso, busca-se uma melhor valorização mútua entre os credos, o que é de fundamental importância para fortalecer iniciativas concretas de encontro, diálogo e cooperação.

Nos pronunciamentos feitos pelo Papa Francisco em sua visita ao Iraque em 2021 há referência a uma paternidade comum em Abraão, mas a ênfase está na fraternidade entre todos os membros da família humana. Certamente o papa não desconsidera a implicação teológica da afirmação de Abraão como pai comum, mas entende que isso pode ser trabalhado em outras instâncias. Para ele, a urgência é avançar no campo prático da fraternidade inter-religiosa enraizada no encontro cultural. É o que se verifica no n. 106 de Querida Amazônia, ao mostrar a importância de as religiões darem-se as mãos para a defesa da criação e das pessoas que mais sofrem: numa realidade plurirreligiosa, "os crentes precisam encontrar espaços para dialogar e atuar juntos pelo bem comum e a promoção dos mais pobres".

O Papa Francisco é convicto disso, e logo após sua eleição pediu mais diálogo inter-religioso como forma de "construir pontes" e estabelecer "verdadeiros laços de amizade entre todos os povos" (POVOLETO, 22/03/2013). Ele é ciente de que o termo "pontífice" significa "construtor de pontes", e por isso precisa trabalhar para aproximar as pessoas, os povos, as culturas e os credos, "de tal forma que todos possam ver no outro nem um inimigo, nem um rival, mas um irmão ou irmã para ser acolhido e abraçado" (POVOLETO, 22/03/2013).

Esta disposição para o encontro e o diálogo inter-religioso já era presente em Francisco antes de ser eleito papa. Seu ministério episcopal exercido em Buenos Aires era fecundo nesse campo, convicto de que o diálogo

> nasce de uma atitude de respeito pelo outro, de uma convicção de que o outro tem algo de bom a dizer. Supõe que há espaço no coração para o ponto de vista, opinião e proposta da pessoa. O diálogo implica uma recepção cordial, não uma condenação prévia. Para dialogar é preciso saber baixar as defesas, abrir as portas da casa e oferecer calor humano (SKORKA; BERGOGLIO, 2011).

O que se propõe aqui é uma disponibilidade interior, de abertura à alteridade, que encontra "espaço no coração". O outro passa a fazer parte de nós; com ele partilhamos o que está no coração: convicções, valores, incertezas e esperanças, dores e alegrias. E para poder viver essa experiência é preciso "abaixar as seguranças", assumindo o risco da hospedagem do outro em nós e de colocar o que somos à sua disposição, sem vê-lo como um concorrente ou um perigo. Esse encontro e intercâmbio provoca mudanças. Não se trata de abrir mão de convicções, mas de ter coragem para repensar o modo de afirmar as convicções identitárias, para que não sejam um obstáculo ao encontro, ao diálogo e à cooperação:

> Isso não tem nada a ver com diluir ou esconder nossas convicções mais profundas quando encontramos outros que pensam diferente de nós [...]. Pois quanto mais profunda, forte e rica for nossa própria identidade, mais seremos capazes de enriquecer os outros com nossa própria contribuição (SKORKA; BERGOGLIO, 2011).

1

DESAFIOS DA REALIDADE SOCIORRELIGIOSA ATUAL À IGREJA EM SAÍDA

O nosso tempo é *multi* ou *pluri* em tudo, o que se expressa na concepção dos valores que configuram as culturas, as religiões, as economias, os sistemas políticos etc. O comportamento humano nas sociedades atuais expressa uma enorme variedade de orientações de sentido que tornam a pluralidade um paradigma para a compreensão da realidade. A concepção plural da realidade é algo central na cultura pós-moderna, com forte impulso às expressões de liberdade, autonomia e independência em todos os campos da vida pessoal e coletiva. Em muito isso expressa a subjetivação de princípios, opções e posturas, que ao mesmo tempo em que fortalece o indivíduo, tende a tornar cada pessoa uma referência única para si mesma e para a compreensão da realidade como um todo. Aí se afirma um antropocentrismo exacerbado, em sintonia com o pensamento de Protágoras (480-411 a.C.), que coloca o ser humano como medida de todas as coisas. Na sociedade global regida pelo mercado, é um humano regido pela ânsia de produção e consumo, que massifica, manipula e explora o outro humano e a natureza. Um humano demasiado humano pela racionalização da existência, na qual a técnica, o pragmatismo e o imediatismo limitam ou mesmo eliminam os espaços de transcendência que apontam para além da condição material e da imanência. Essa sociedade ignora as espiritualidades que sinalizam algo ou alguém como realidade última. O Papa Francisco identifica nisso um gnosticismo que fecha a fé no sujeito, com "uma mente sem Deus e sem carne" e "uma doutrina sem mistério" (GE 36-42). Entende que nisso se manifesta também o pelagianismo com "uma vontade sem humildade" (GE 47-51).

Tal postura raciocêntrica e tecnocêntrica concentra toda a concepção da realidade no cientificismo. E a maré das subjetividades em constante movimento formam um oceano cultural da *pós* ou *hiper* modernidade extremamente fragmentada, tensa e conflitiva consigo mesma, sem condições de articular o sentido da realidade total para o indivíduo, ou de relacioná-lo de forma equilibrada com a coletividade e o conjunto da criação. As convicções e os valores têm validez apenas na esfera do privado, com forte tendência ao relativismo.

A Igreja tem dificuldade para se situar nesse contexto e com ele interagir. De um lado, não mais condena a cultura distanciada dos princípios cristãos, como fez repetidas vezes ao longo da história. De outro lado, não pode deixar de discernir a realidade à luz da fé cristã. Em meio às ambiguidades e contradições acima observadas, Francisco constata também nesse mundo "um desejo de Deus, ainda que não tenha todos os contornos do Deus revelado" (CV 84). Na sociedade da razão técnico-científica, com postura pragmática, calculista e previsível, em meio à aridez das ideologias secularizantes, as pessoas sentem a necessidade de um "suplemento de alma" (Bergson) que recupere o valor de sua interioridade, afetividade, liberdade, espiritualidade. Retomando o que Paulo VI disse aos jovens em Sydney, em 1970, "precisamente nas insatisfações que os atormentam [...] há um elemento de luz" (CV 138). E isso se manifesta por uma efervescência do religioso na atualidade, que não acontece necessariamente nas instituições religiosas tradicionais, mas em geral por caminhos paralelos, nos quais ganham expressão as correntes de espiritualidade com convicções religiosas fluidas, sem a preocupação de formular doutrinas, ritos e mediações que deem estabilidade a um credo.

Há elementos positivos nisso, por manter o ser humano aberto à transcendência, sensíveis a uma "força escondida, presente ao fluxo das coisas e aos acontecimentos da vida humana, e não raro reconhece-se uma Divindade Suprema e até mesmo um Pai" (NA 2). Mas há também elementos frágeis para uma vivência religiosa profunda. A cultura do *self-service* religioso valoriza nas religiões apenas o que responde às necessidades imediatas e podem ser cultivadas de forma setorizada. Não poucas vezes a desesperada busca de sentido acontece sem o discernimento das diferentes propostas, valorizando tudo o que se refere a sensações, "como escapismo para algum tipo de sentido além da realidade" (PATRIOTA, 2012, p. 5). Sem generalizar, o Papa Francisco identifica nesse meio um "mundanismo espiritual" que expressa apenas os interesses humanos sob formas religiosas, e não Deus (EG 93). Assim, são as tendências gnósticas que subjetivizam a fé de forma exacerbada; o neopelagianismo que coloca o ser humano centrado apenas em si mesmo; e um elitismo narcisista e autoritário, do qual nem mesmo a Igreja está imune (EG 94). Nesse contexto, não poucas comunidades cristãs assumem as características das religiosidades pós-modernas, de modo a reconfigurar a fé cristã conforme necessidades e interesses de pessoas e grupos. As mediações institucionais das Igrejas consideradas "históricas" não são reconhecidas por muitos cristãos. Uma expressão disso é um certo estilo de pentecostalização arbitrária da fé, dentro e fora das tradições eclesiais, reivindicando igual pretensão eclesial dessas, mas sem um estatuto teológico e doutrinal que legitime essa reivindicação.

A religiões e espiritualidades atuais mostram ao mundo que há um horizonte de sentido maior do que o vivido no horizonte da imanência. Esse mundo configurado de forma *multi/pluri* confronta a fé cristã em muitos elementos que lhe são essenciais, como o caráter "absoluto" da revelação de Deus em Jesus Cristo, a "unicidade" da mediação salvífica de Cristo, o vínculo entre Cristo e a Igreja como caminho de felicidade plena – realidade salvífica para a humanidade. É nesse contexto sociorreligioso que a Igreja em saída precisa dar passos corajosos na direção de outras expressões de fé e crenças. São essas expressões, com suas limitações e com suas virtudes, as possíveis parceiras na afirmação do Mistério que a tudo envolve. A perspectiva cristã não colhe tudo do Mistério, e por isso precisa fazer o discernimento sobre o que e como integrar no próprio horizonte também o que outras religiões e espiritualidades propõem. Não se trata de assumir as suas narrativas, mas de valorizá-las percebendo o seu significado para a vida das pessoas que por elas orientam o existir. Pois

> seja como for, as correntes de espiritualidade do nosso tempo mostram que a humanidade é ávida pelo sentido de transcendência. Expressam a necessidade humana de experiência do sagrado, de algo absoluto, de Deus. Pode-se questionar os meios da busca de Deus e suas representações, mas não a necessidade de buscá-lo (WOLFF, 2015, p. 85-86).

Essa busca precisa ser partilhada num intercâmbio que possibilite o mútuo enriquecimento entre os membros das diferentes religiões. Juntas, as tradições religiosas e espirituais podem compreender mais profundamente as interpelações que o mundo faz às suas convicções de fé e às suas doutrinas, buscando responder a essas interpelações afirmando o religioso como constitutivo do sentido do mundo humano.

2

O RELIGIOSO COMO CONSTITUTIVO DO HUMANO

Antes de ser sociológico o religioso é um fato antropológico, como elemento constitutivo do humano em busca de transcendência, dimensionado ao Infinito. Nisso enraíza-se toda experiência religiosa, com a consequente concepção de uma Realidade Última, o horizonte do divino. Não se trata de exclusividade de alguns indivíduos ou de um povo, ou mesmo de uma época, mas algo universal e constante na história da humanidade. O Vaticano II entende que "desde os tempos remotos e até hoje" todos os povos têm "certa sensibilidade a essa força escondida" (NA 2). Rudolf Otto, em *O sagrado* (1917), mostra que o religioso é algo inerente à profundidade da consciência humana e que o divino aparece no interior ou no psíquico de cada pessoa. Analisando as experiências da intuição estética, do sentimento do sublime, Otto entende que em conexão a isso estão as ideias de Deus, de alma, de liberdade de consciência. Nesse caso, o objeto da religião (o sagrado, divino) resulta do humano.

Nem todos os estudiosos da religião confirmam a perspectiva de Otto de que o objeto das religiões são frutos da experiência humana. Max Scheler em *Do eterno no homem* (1926) diz que não é a subjetividade humana que projeta Deus, mas é Deus mesmo que primeiramente se revela ao humano como espírito pessoal, centro ou unidade potencial de feitos como a criação e a vida humana. Isso tem sintonia com o que Agostinho diz sobre a interioridade do humano como o lugar onde se acolhe a verdade maior de uma religião, Deus, como objeto de fé e condição do ser: "Deus é mais íntimo a nós do que nós mesmos" (*Confissões*, livro X). Tal é o que afirmam as escrituras sagradas: "O espírito do ser humano é uma luz do Senhor que esquadrinha todos os segredos do seu íntimo" (Pr 20,27); Deus habita e conhece o coração das pessoas (Sl 139,23); Ele investiga o coração de cada um segundo a verdade (Sb 1,6), e declara: "antes de te haver formado no ventre materno, Eu já te conhecia; antes que saísses do seio de tua mãe, eu te consagrei" (Jr 1,5). Também o Alcorão afirma que Deus está "mais perto do homem do que a sua veia jugular (Surata L, 6). Na Bhagavad Gita, Deus fala através das verdades psicológicas e espirituais mais profundas do Gita. Todas as religiões são um meio para ajudar o humano a perceber e acolher a realidade divina que está nele. O ato de *acolher* indica Algo/Alguém que se revela ao/no humano.

Temos aqui a categoria teológica "revelação", que na tradição cristã compreendemos com Queiruga (2003, p. 48) como o "'aperceber-se' do Deus que, como origem fundante, está 'já dentro', habitando nosso ser e procurando se manifestar a nós: *noli foras ire: in interiore homine habitat veritas*"[9]. Esta "percepção", performativa e configurativa do ser e do agir humanos, configura a totalidade de sentido da existência. Rahner (1989, p. 159) mostrou que a natureza é constituída na graça e, portanto, o ser humano não é apenas natural, mas um "existencial sobrenatural"; ou seja, uma "natureza dotada de graça". Wolfhart Pannemberg (1968) concorda com Rahner ao afirmar que "a história das religiões é a história do aparecimento do mistério divino que está pressuposto na estrutura da existência humana". O humano experimenta Deus porque Ele se revela. E nesse sentido, o ser humano é "receptor" da experiência religiosa provocada por Deus.

Essa teologia tem clara expressão no magistério do Papa Francisco ao ensinar que Deus "convida-nos a novas conversões que permitam à sua graça manifestar-se melhor na nossa existência" (GE 17). Essa manifestação de Deus não é apenas ao indivíduo, mas para um povo, uma comunidade, a sociedade toda. Por essa razão, "Deus atrai-nos

---

9. A citação de Queiruga é de Agostinho: *De vera religione*.

tendo em conta a complexa rede de relações interpessoais que se estabelecem na comunidade humana: Deus quis entrar numa dinâmica popular, na dinâmica de um povo" (GE 6). Ele convida o ser humano a participar do que Ele mesmo é, Santo (Hb 12,10), de modo que "O Espírito Santo derrama a santidade por toda a parte" (GE 6). E isso impele o ser humano a buscar Deus, o que está na raiz do fato que o *esse humanum* é, simultaneamente, *esse religiosum*. No Documento sobre a Fraternidade, assinado em Abu Dhabi em 2019, o Papa Francisco e o Grão Imame de Al-Azhar, Ahmed Al-Tayyeb afirmam a importância de "despertar do sentido religioso e da necessidade de o reanimar nos corações das novas gerações" (FRANCISCO; GRÃO IMAME DE AL-AZHAR, 2019). E isso precisa se expressar nos fatos ordinários da existência, como afirmou Francisco no Iraque, nesse mesmo ano: "No mundo atual, que muitas vezes se esquece do Altíssimo ou oferece uma imagem distorcida dele, os crentes são chamados a testemunhar a sua bondade, mostrar a sua paternidade através da nossa fraternidade" (FRANCISCO, 06/03/2021). Postula-se assim o mundo do Transcendente, que não é demonstrável empiricamente, mas existencialmente experienciável como uma Realidade Última que motiva o viver quando captada pela percepção da fé. Então "Deus, e não o homem, é o verdadeiro Patrão de todos os seres humanos, de cada vida humana" (EG 32). Os limites deste mundo, as percepções empíricas finitas e passageiras nos remetem a essa Realidade eterna e imortal. Assim, as pessoas crentes encontram um sentido do divino em sua própria consciência, como uma "Preocupação Suprema" (TILLICH, 1963, p. 4) à qual se sentem orientadas, como "algo mais", Infinito, que muitas religiões designam *Deus*.

3

A TEOLOGIA DAS RELIGIÕES: DO VATICANO II AO PRINCÍPIO PLURALISTA

A mudança no olhar católico sobre as religiões, reconhecendo sua positividade, começa a ocorrer de fato a partir do século XX. Contribuíram para isso os resultados das pesquisas das ciências sobre as religiões, com particular destaque para as Ciências Humanas, como a Fenomenologia, a Antropologia, a Filosofia, a Sociologia, a Psicologia, a História, a Arqueologia, entre outras. Tais pesquisas influenciam na reflexão teológica, a qual passa a reconhecer um significado positivo nas doutrinas, nos mitos, nos ritos, nos símbolos, na ética das religiões. Além disso, intensifica-se na "aldeia global" a relação da fé cristã com outras tradições religiosas e espirituais, possibilitando uma convivência e um intercâmbio que quebram tabus e eliminam preconceitos.

As novas pesquisas teológicas das religiões ganham espaço nas instâncias eclesiásticas, servindo de base para a elaboração de documentos que tratam da relação da Igreja Católica com as religiões, notoriamente as declarações do Vaticano II, *Nostra Aetate* (NA) e *Dignitatis Humanae* (DH), inspirando também outros documentos conciliares (ex.: LG 16; GS 22; AG 3,7-9, 11) e pós-conciliares (SNC, 1984/2; PCDI; CEP, 1991). Esse concílio aparece como o "divisor de águas" na relação do catolicismo com as religiões. De fato, o Vaticano II marca uma postura histórica nessa relação em três elementos essenciais: a) o reconhecimento da positividade das religiões em seus "elementos estimáveis, religiosos e humanos" (GS 92), de verdade e santidade (NA 2), "elementos de verdade e de graça" (AG 9), "coisas verdadeiras e boas" (LG 16); b) a postura do diálogo, o que exige da Igreja rever objetivos e métodos da missão, numa busca de cooperação entre os credos para a construção da fraternidade universal (NA 5); c) e a afirmação do princípio da liberdade religiosa vinculada com a afirmação da dignidade da pessoa (DH 2). Para isso, o Vaticano II assume uma perspectiva teológica "inclusivista", entendendo os elementos constitutivos das religiões no horizonte da teologia patrística dos *semina verbi* (AG 11,15), o que leva os Padres Conciliares a vê-los como "um reflexo" da verdade que ilumina toda a humanidade (NA 2). Esse inclusivismo é hoje questionado por expoentes da teologia das religiões. Mas sua contribuição no período do concílio é inegável, impulsionando a mudança do olhar católico sobre as religiões, acolhidas como um "patrimônio espiritual para toda a humanidade" e um "convite eficaz ao diálogo" (NA 2, 3; AG 11). Isso marca a definitiva superação do axioma *extra ecclesiam nulla salus*, enfaticamente afirmado na Igreja Católica até as vésperas do Vaticano II, condenando expressões de fé fora da Igreja, como ocorreu no Concílio de Florença (1439).

O caminho para o Concílio afirmar essa postura dialogal da Igreja foi longo, e continua ainda hoje extremamente difícil de ser percorrido. Já antes do Vaticano II, afirmava-se que toda pessoa é chamada por Deus a um convívio amoroso, de comunhão salvífica com Ele. A fundamentação é bíblica: "Deus quer salvar a todos" (At 4,12); "Deus não faz acepção de pessoas" (At 10,34; Rm 2,11). E por "salvação" entende-se o ingresso na realidade do Reino de Deus, independente da pertença a uma nação, cultura ou religião. O critério para esse ingresso é a vivência das Bem-aventuranças (Mt 5,3-12; Lc 6,20-23) e o sucessivo chamado "juízo final" (Mt 25,34-36). Trata-se da prática concreta da caridade, da solidariedade, da paz e da justiça. Onde quer que tal esteja acontecendo, aí existe uma situação salvífica. E Deus é quem está trabalhando nessa situação para que, perseverando nela, as pessoas o reconheçam como o autor primeiro do ato solidário e libertador que pode concretizar seu projeto de "vida em abundância" (Jo 10,10). Assim, todo ser humano pode viver alguma forma de pertença ao Reino. E isso implica uma nova hermenêutica dos textos bíblicos que fundamentam a teologia da salvação, explicitando a sua perspectiva universal. A comunidade cristã não é a única destinatária das escrituras bíblicas, como afirma Dupuis (2004, p. 68): "devemos nos abster de uma leitura direta e exclusivamente 'cristã' dos Evangelhos, como se tudo o que é dito e feito por Jesus dissesse respeito exclusivamente aos 'cristãos'". Como ensina o Papa Francisco, retomando o Concílio, no modo dialogal de pregar a Palavra "suscita-se em cada nação a possibilidade de exprimir a mensagem de Cristo segundo a sua maneira própria, ao mesmo tempo em que se fomenta um intercâmbio vivo entre a Igreja e as diversas culturas dos diferentes povos" (GS 44; QA 84). Assim, abre-se espaço para hermenêuticas bíblicas que explicitam a proposta salvífica de Cristo realizando-se de modos diversos, na Igreja e para além dela.

Historicamente, a teologia cristã tem desenvolvido essa ideia dizendo que Deus atua na intimidade das pessoas, possibilitando a vivência da "lei" (Rm 2,15) inscrita no próprio coração. Mas não se admitia que as religiões como tais tivessem algum papel positivo nisso. Houve quem as entendeu apenas como uma "religião natural", uma vez que toda a criação é destinada a uma finalidade escatológica. Mas isso não teria contribuição alguma na salvação das pessoas, o que seria possível apenas por uma ação "sobrenatural". E como esta ação só seria possibilitada pelo cristianismo, as religiões seriam, então, meras elaborações humanas a partir das culturas e da relação com a natureza, onde se descobrem vestígios de Deus, o que as configuraria como "religiões de ordem cósmica", uma espécie de pré-história da salvação. Sendo a fé cristã "a" salvífica, as demais seriam "caminhos para o cristianismo"[10], *praeparatio evangelica* (DANIELOU, 1954; 1988; DE LUBAC, 1980). Tal é a base da chamada "teologia do acabamento" (cf. DANIELOU, 1954; 1958; 1988; DE LUBAC, 1946; 1980; BALTHASAR, 1969; 1987), a qual afirma que Deus chega aos membros das outras tradições religiosas unicamente pela ação da graça crística que atua como resposta divina à aspiração humana de contato e co-

---

10. Tal é o que se constata nos trabalhos de missionários na Índia, no período pré-conciliar. Cf. Farquhar, 1915; Johanns. 1938.

munhão com o Divino. Mas as religiões não desempenham nenhum papel nisso.

Contudo, se concebermos que toda pessoa pode conhecer a Deus porque é criada "de sua raça" (At 17,18), não existe religião meramente "natural", uma vez que todo ato ou situação humana pode ser também expressão de algo mais do que humano, pelos quais Deus mesmo toma a iniciativa de se manifestar. Assim, pode haver experiência de Deus em situações inusitadas, nas religiões e fora delas. Não há religião verdadeira que não possibilite essa experiência. Retomamos J. Dupuis (2004, p. 61): "a experiência religiosa se vive [...] numa religião, a qual pode ser conceitualmente diferente, mas não pode ficar separada na realidade". No cristianismo, esse fato centra-se na pessoa de Jesus Cristo, para quem o acolhe como "Deus, Senhor e Salvador". A partir de então, Jesus é identificado como a plenitude da revelação de Deus não apenas para quem crê, mas para toda a humanidade. Ele é o "caminho" (Jo 14,6), o "único mediador" (1Tm 2,5) entre Deus e os seres humanos, o "único nome" (At 4,12) que possibilita efetiva salvação.

Essas passagens bíblicas permitem interpretações problemáticas para o diálogo com as religiões, numa perspectiva exclusivista. Mas o Vaticano II ajuda a superar isso, identificando nas religiões "elementos estimáveis, religiosos e humanos" (GS 92), "coisas verdadeiras e boas" (LG 16), "elementos de verdade e de graça" (AG 9), de "verdade" e de "santidade" (NA 2). Elas são entendidas como "tradições contemplativas" (AG 9) de uma Realidade Maior. Portanto, nas instituições religiosas há "elementos de graça capazes de sustentar a resposta positiva de seus membros ao chamado de Deus" (DA 30; cf. SNC, 1984/2), o que exige dos cristãos uma atitude de atenção e estima para com elas (NA 2). Pois, como dito acima, elas formam um patrimônio espiritual e são um convite ao diálogo (NA 2, 3; AG 11). Esse diálogo não se dá apenas sobre os pontos convergentes das religiões, mas também sobre os divergentes. E mesmo sem buscar uma doutrina comum, ele cria a base para iniciativas concretas de cooperação inter-religiosa na promoção da paz, da justiça e da fraternidade (NA 5; DH 15).

O que precisamos afirmar hoje com mais convicção do que no tempo do Concílio e do início da teologia das religiões, é que as religiões são realidades vinculadas ao projeto divino. Elas têm origem em Deus mesmo, como modos distintos que Ele escolhe para se relacionar com as pessoas e os povos nos diferentes tempos e contextos. Isso equivale a dizer que as religiões podem ser intervenções de Deus na história humana e, portanto, "igualmente expressões do desígnio de Deus" (ODASSO, 1998, p. 372). Isso caracteriza sua "sobrenaturalidade". O desafio teológico continua sendo o de compreender e explicitar como a ação do Verbo e do Espírito não acontece apenas no coração das pessoas, mas também através dos elementos objetivos de suas tradições religiosas: ritos, símbolos, líderes, doutrinas, ética, ação etc. Somente assim supera-se a "teologia do acabamento", afirmando uma presença operante do mistério de Cristo nas tradições religiosas. Essa presença é compreendida de modos diversos. Rahner propõe uma presença oculta e incógnita, segundo a tese do "cristianismo anônimo" (1965); Queiruga propõe o "cristianismo latente" nas religiões; Panikkar, em sua pesquisa sobre o hinduísmo, avança em relação a Rahner na afirmação da presença de Cristo nas tradições religiosas, entendendo que

> Cristo *não* está apenas no fim, mas também no princípio [...]. Cristo não é apenas a meta ontológica do hinduísmo, mas também seu verdadeiro inspirador; e a sua graça é aquela força direta, ainda que escondida, que impulsiona o hinduísmo para a manifestação plena (PANIKKAR, 1970, p. 24).

Para Panikkar, sendo Cristo um símbolo do mistério divino, Ele não se limita ao Jesus histórico, pois outros nomes podem ser símbolos do mistério – Rama, Krishna, Ishvara, Purusha –, representando dimensões de Cristo (PANIKKAR, 1981, p. 27-32).

Uma terceira proposta de superação da teologia do acabamento, mais desafiadora para a doutrina católica, coloca o cristianismo em pé de igualdade com as outras religiões, sendo a pessoa de Jesus Cristo um mediador entre outros na relação entre Deus e a humanidade (HICK, 2000). Faz uma abordagem teocêntrica, reinocêntrica e soteriocêntrica das religiões, na qual Deus está no centro, e isso sustenta um diálogo "no qual cristãos já não insistam em dizer que encontram somente em Jesus a norma única ou final para toda a verdade religiosa" (KNITTER, 2010, p. 38). Nesse contexto é que se afirma hoje o "princípio pluralista" na teologia das religiões (RIBEIRO, 2020), no qual categorias cristológicas como revelação "completa", "definitiva" e "insuperável" em Cristo são revistas por uma compreensão da revelação entendida como "universal", "decisiva" e "indispensável" (KNITTER, 2010, p. 95-110).

Dessas três perspectivas da teologia das religiões é possível um equilíbrio entre a perspectiva inclusivista e a pluralista. Um *inclusivismo aberto* pode ajudar a teologia das religiões a desenvolver intuições do Vaticano II, reconhecendo melhor a contribuição do pluralismo religioso para a orientação do sentido para a vida das pessoas. Pode-se progredir para a afirmação de um direito de princípio constitutivo das tradições religiosas. O critério para isso é identificar nelas a afirmação da dignidade de toda forma de vida e sua abertura para o Transcendente. Entre esses dois pilares de uma tradição religiosa se encontram as doutrinas, os mitos, os ritos, as práticas que a legitimam como expressão da sabedoria divina.

4

DIALOGANDO NO ESTILO DE FRANCISCO

Como e em que medida o debate atual da teologia das religiões pode estar dando suporte ao magistério de Francisco na relação da Igreja e da fé cristã com outras tradições religiosas? O papa argentino não assume a postura de um catedrático que propõe teses para compreender e se relacionar com o atual contexto religioso plural. Ele também não realiza encontros meramente formais e protocolares. Sua proposta é vivencial e carregada de simbolismo prático, sem por isso deixar-se levar pelo pragmatismo. Em seu pontificado Francisco propõe o diálogo primeiramente como um estilo, um modo de ser. E tal se verifica no seu relacionamento com os outros por meio de atitudes que envolvem a sensibilidade, a ternura, o cuidado, a compaixão. Tais atitudes são paradigmáticas para os encontros entre povos, culturas, Igrejas e religiões. O papa "primeireia" com um estilo que tem uma linguagem própria, imagética e sensitiva. Tal é o ato de pegar crianças no colo; de beijar os pés dos líderes políticos do Sudão do Sul (11/04/2019); do abraço e do beijo ao enfermo com tumores no rosto, na Praça de São Pedro (06/12/2013); do encontro com uma sobrevivente do holocausto e o beijo no braço tatuado com o número do campo de concentração (26/05/2021), entre outros. Esses gestos "ficam como ícones falando para a mente e o coração das pessoas de forma muito mais eficaz do que documentos e declarações" (CATALANO, 2022, p. 5).

Tais gestos são acompanhados por palavras que formam o vocabulário cotidiano do Papa Francisco, como "saída", "conversão" "mudança/reforma", "encontro", "diálogo", "primeirear", "jornada", "caminho", "peregrinação", "sinodalidade". São termos que expressam sua compreensão da Igreja e do mundo e apresentam a necessidade de exercitar a acolhida das diferenças, a convivência e a cooperação, sabendo que

> em nossa peregrinação terrena não estamos sozinhos. Cruzamo-nos com outros fiéis; às vezes compartilhamos com eles um trecho da estrada e outras vezes experimentamos com eles um momento de descanso que nos refresca [...]. Vivemos um diálogo fraterno e intercâmbio que são capazes de nos restaurar e nos oferecer novas forças para enfrentar os desafios comuns (FRANCISCO, 26/05/2014).

O vocabulário dialogal do Papa Francisco, que expressa seus gestos e suas atitudes, promove o encontro e o diálogo entre credos:

> Precisamente no campo do diálogo, particularmente do diálogo inter-religioso, estamos constantemente chamados a caminhar juntos, na convicção de que o futuro também depende do encontro de religiões e culturas (FRANCISCO, 28/04/2017).

Quem peregrina tem suas próprias aspirações, suas necessidades, seus anseios, suas esperanças. É o que dá sentido à caminhada. E na medida em que se expressam livremente, elas fecundam de sentido o caminho também dos outros. Esse ato de colocar-se a caminho e caminhar juntos é fecundo se observadas as condições que possibilitam aos caminheiros realmente *se encontrarem*. Dentre elas, o papa destaca a capacidade de ouvir o que o outro tem a dizer, o caminho conjunto se faz "ouvindo cada um o outro, sem se apressar em dar uma resposta. Acolhendo as palavras de um irmão, de uma irmã, e então pensando em oferecer a minha [...] quando você ouve e fala, você está no caminho certo" (FRANCISCO, 05/04/2017). "Ouvir" é o que possibilita que se "reconheçam os valores dos outros, apreciem as preocupações subjacentes a suas demandas e iluminem as crenças compartilhadas" (FRANCISCO, 10/04/2014). E para saber ouvir é preciso antes saber fazer silêncio para que o outro sinta que há um ambiente que lhe possibilita se expressar. Então pode-se acolher o que o outro diz, penetrar na sua verdade, discerni-la e contemplá-la com reverência. E a reação que se tem sobre o que o outro diz não precisa ser de acolhida total, mas também não há total rejeição. A escuta desarmada possibilita um discernimento que estabelece interações entre as diferentes convicções de fé, sabendo que nenhuma expressa a totalidade do Mistério que envolve a todos. Afinal, convicções e valores enraízam-se no Mistério presente no mais profundo da consciência e do coração de cada pessoa, e a partir daí é que se desenvolve a disponibilidade para ser-com-os-outros.

Isso é bem presente na postura do papa argentino, em sua linguagem carregada de afeto, emoção, sensibilidade, mística. Vinculada aos gestos, essa linguagem expressa fortalece o diálogo e o encontro, embasando a fraternidade entre pessoas e povos, culturas e credos. Possibilita a "unidade na diversidade", com o enriquecimento de todos/as a partir da contribuição própria de cada um/a.

Em sua praticidade Francisco propõe dois elementos importantes, que veremos a seguir: a "coragem da alteridade" e um diálogo "amplo e plural".

4.1 Assumir "a coragem da alteridade"

Assumir a alteridade exige reconhecer a condição sociocultural, psíquica ou moral das outras pessoas. E assim se reconhece também o seu modo de ser religioso. Isso está na base da afirmação da liberdade religiosa, entendida no Vaticano II como relacionada à dignidade humana e à vontade de Deus, de modo que "é injustiça contra a pessoa humana e contra a própria ordem estabelecida por Deus negar ao homem o livre-exercício da religião na sociedade" (DH 3).

Esse é um tema complexo, tanto nas sociedades secularizadas onde legalmente há liberdade religiosa quanto, e mais ainda, nas sociedades onde existem limitações jurídicas do comportamento religioso. Mesmo nos países onde existe liberdade de culto, observam-se posturas religiosas fundamentalistas e absolutistas que instigam práticas de discriminação, preconceito e violência. É injustificável o fato de vermos tal cenário nas sociedades do século XXI, que apregoam o valor da democracia, da diversidade e da liberdade. Grupos religiosos, tradicionais e novos, concorrem de forma agressiva na conquista do espaço social, fundindo questões religiosas com questões socioculturais e propondo uma espécie de teocracia moral, com um discurso sacralizador da política, antimoderno e patriarcal. Não raro, esses grupos assumem posições nacionalistas de caráter identitário, implantando duros métodos de perseguição, guerra, prática do terrorismo e cerceamento da liberdade religiosa para milhares de pessoas: "A liberdade religiosa é violada em quase um terço dos países do mundo (31,6%), onde vivem dois terços da população mundial. Num total de 196 países, 62 enfrentam violações muito graves da liberdade religiosa" (ACN-BRASIL, 2021).

Para superar tal realidade, Francisco conclama:

> Em nome da paz, por favor, desativemos em cada tradição religiosa a tentação fundamentalista, toda e qualquer insinuação a fazer do irmão um inimigo. Enquanto muitos se ocupam com antagonismos, com facções e jogos partidários, façamos ressoar aquele dito do Imã Ali: "As pessoas são de dois tipos: ou teus irmãos na fé ou teus semelhantes em humanidade". Não há outra subdivisão (FRANCISCO, 07/10/2021).

E no discurso feito em Abu Dahbi o papa propõe assumir

> a coragem da alteridade, que supõe o pleno reconhecimento do outro e da sua liberdade com o consequente compromisso de me gastar para que os seus direitos fundamentais sejam respeitados sempre, em toda parte e por quem quer que seja (FRANCISCO, 2019).

O termo latino *alter* significa "outro", o que não é "eu". Enquanto eu sou o "idêntico", o outro é o diferente. De *alter* temos *alteritas*, que aponta para a necessidade de entendimento do que é o "outro"; sua identidade, natureza, essência. Não se busca fazer o mesmo de tudo e de todos. Para Lévinas (1980, p. 36) a filosofia da alteridade supera a metafísica ontológica, reconhecendo a Transcendência, o Infinito, a Exterioridade. Na América Latina, E. Dussel (1977) fala do outro social como o excluído e marginalizado, quem é negado em seu ser – o *não ser*. No sentido cristão, *alter* é o "próximo", o que está à nossa frente e solicita atenção, presença, cuidado, como na Parábola do Bom Samaritano (Lc 10,25-37). É no horizonte da fé que identificamos na outra pessoa uma solicitação, e na mesma fé procuramos dar uma resposta. Atender à solicitação das pessoas é comungar na sua paixão, de modo que o outro é possibilidade de compaixão e de con-vivência. Con-viver é viver *com* e *como* o outro, na sua esperança, alegria, dor. Para isso são desenvolvidas relações éticas nas quais o eu e o outro interagem não em termos teóricos, mas práticos na con-vivência, com-paixão. Afirmam o Papa Francisco e o Grão Imame de Al-Azhar, Ahmed Al-Tayyeb no documento sobre a fraternidade humana: "A fé leva o crente a ver no outro um irmão que se deve apoiar e amar".

Isso exige das religiões uma profunda revisão das formas racionais e dogmáticas de entender a realidade plural em que vivemos, superando as tendências de buscar a semelhança e a uniformidade em prejuízo das diferenças. A alteridade que exige reconhecimento é também religiosa. É *alter* credo, *alter* mito, *alter* rito, *alter* sentido.

Para que essa alteridade seja reconhecida é mister que se afirme o princípio da liberdade religiosa, tema nada tranquilo nas Igrejas e nas religiões. Em meios católicos, lembremos, por exemplo, a condenação que o Concílio de Florença (1439) fez de quem não era membro da Igreja; ou a exigência da submissão dos poderes civis ao poder pontifício, como mostram o *Dictatus Papae*, de Gregório VII (1075) e a Bula *Unam Sanctam*, de Bonifácio VIII (1302). Lembremos ainda a condenação do chamado modernismo das ciências e da cultura no *Syllabus*, de Pio IX (1864). O Vaticano II supera tais atitudes pela postura do reconhecimento e do diálogo com as diferenças. Esse concílio sustenta a alteridade religiosa no princípio da liberdade teologicamente entendida como fundamentada na dignidade do ser humano, "imagem e semelhança" do Criador (Gn 1,26), tal como conhecida pela revelação e pela razão (DH 2). Nessa perspectiva conciliar, o Papa Francisco afirmou no encontro inter-religioso na Tailândia, em

2019, que "somos solicitados a abraçar o imperativo de defender a dignidade humana e respeitar os direitos de consciência e liberdade religiosa" (FRANCISCO, 22/11/2019). E no mesmo ano na declaração comum de Abu Dabhi, 2019, caminha para um corajoso consenso de que "a Sabedoria divina é a origem de onde deriva o direito à liberdade de credo e à liberdade de ser diferente". Por isso, o papa afirma no discurso aos líderes religiosos nos Emirados Árabes: "A coragem da alteridade é a alma do diálogo, que se baseia na sinceridade de intenções" (FRANCISCO, 2019).

Assim, a Igreja em saída tem a consciência de que para ir ao "encontro de" e "dialogar com" é preciso desenvolver "o senso dos outros" (AUGÉ, 1994). É preciso reconhecê-los em sua identidade, seus valores e suas necessidades. Na resposta ao questionamento que o doutor da lei faz a Jesus, "Quem é o meu próximo?" (Lc 10,29), Jesus mostra que sabemos "quem é" a outra pessoa e reconhecermos sua verdade e suas necessidades, aproximando-nos dela com compaixão. É preciso saber onde e como ela está, respondendo à pergunta feita a Caim: "Onde está o teu irmão"? (Gn 4,9). A resposta que Jesus dá ao doutor da lei é retomada por Francisco enfatizando que não basta saber quem é o próximo, é preciso "tornar-nos nós mesmos o próximo" (FT 80), com apurada sensibilidade ao abandonado à beira do caminho (FT 63-65) e uma "corresponsabilidade capaz de iniciar e gerar novos processos e transformações" (FT 77) que eduquem para a vida fraterna. E

> educar para a abertura respeitosa e o diálogo sincero com o outro, reconhecendo os seus direitos e liberdades fundamentais, especialmente a religiosa, constitui o melhor caminho para construir *juntos* o futuro, para ser *construtores de civilização*. Porque a única alternativa à *civilização do encontro* é a *incivilidade do conflito*; não há outra (FRANCISCO, 2017).

Desse modo, o convívio das alteridades religiosas implica o respeito à verdade de fé presente em toda pessoa crente, sabendo que ninguém chega "a reconhecer completamente a sua própria verdade senão no encontro com os outros" (FT 87). Parece óbvio, mas não é bem assim, visto as dificuldades constatadas para o reconhecimento da alteridade. É verdade que a identidade se afirma "nas profundas convicções da própria fé: a dignidade inalienável de toda a pessoa humana, independentemente da sua origem, cor ou religião, e a lei suprema do amor fraterno" (FT 39). Mas essa identidade não precisa temer o diálogo e a abertura à diferença. Urge desenvolver uma identidade relacional, na qual construo a minha verdade interagindo com a verdade do outro. Posso oferecer e receber algo, num mútuo enriquecimento das verdades identitárias. O diálogo torna-se, então, autoritativo na afirmação da verdade. E "a autoridade do diálogo é intrínseca à verdade que expõe, à caridade que difunde e ao exemplo que propõe" (BENNÀSSAR, 2002, p. 79). Por isso, o Papa Francisco afirma que todos

> podemos buscar juntos a verdade no diálogo, na conversa tranquila ou na discussão apaixonada. É um caminho perseverante, feito também de silêncios e sofrimentos, capaz de recolher pacientemente a vasta experiência das pessoas e dos povos (FT 50).

Isso em nada fragiliza a identidade religiosa de alguém, mas a esclarece, aprofunda, confirma. Como o papa afirma na exortação pós-sinodal do Sínodo da Amazônia,

> não se trata de nos tornarmos mais volúveis nem de escondermos as convicções próprias que nos apaixonam, para podermos encontrar-nos com outros que pensam de maneira diferente [...]. Com efeito, quanto mais profunda, sólida e rica for uma identidade, mais enriquecerá os outros com a sua contribuição específica (QAm 106).

4.2 Abertura para o reconhecimento teológico das religiões

Fica assim assegurada a "condição" religiosa de todo ser humano, o *esse humanum* é *esse religiosum*. É uma condição espiritual que tem em seu credo "o fim íntimo de uma coisa, como *teonomia* – forças que indicam o significado último da existência" (TILLICH,

1970, p. 128). Esse fim íntimo e último se faz presente em todas as dimensões da vida humana, como orientador da existência, o seu objetivo maior, compreendido como *telos* (TILLICH, 1970, p. 36). Isso é fundamental no mútuo reconhecimento entre as diferentes tradições religiosas, como frisou o Papa Francisco na Tailândia, em 2019: "As grandes tradições religiosas do mundo dão testemunho de um patrimônio espiritual, transcendente e amplamente partilhado" (FRANCISCO, 22/11/2019). O reconhecimento das especificidades das tradições religiosas possibilita uma fecundação cruzada que as enriquece e as fortalece no testemunho de uma verdade transcendental. No encontro com líderes religiosos de Myanmar, o Papa Francisco reconheceu que "através dos ensinamentos de Buda e do testemunho zeloso de tantos monges e monjas, o povo desta terra foi formado nos valores da paciência, tolerância e respeito pela vida, bem como numa espiritualidade solícita e profundamente respeitadora do meio ambiente" (FRANCISCO, 29/11/2017). Isso exige admitir que "a ação divina neles [membros das religiões] tende a produzir sinais, ritos, expressões sagradas que, por sua vez, envolvem outros em uma experiência comunitária do caminho para Deus" (EG 254). Esta afirmação deixa claro que a experiência religiosa não é abstrata, mas construída na horizontalidade histórica das pessoas, em sua relação com outras pessoas, inserida no complexo social, na relação com a natureza. Isso se expressa também na Declaração de Abu Dhabi ao reconhecer que os membros das outras religiões "trazem no coração a fé em Deus e a fé na fraternidade humana". Trata-se de entender que a verdade da experiência religiosa de Deus não se contrapõe à verdade da experiência humana, de modo que a verdadeira compreensão do Outro, Transcendente, Deus nos enraíza no que há de humano no mundo. Isso está na raiz do reconhecimento teológico da fé do outro, vivida de modo a qualificar a história deste mundo. Pela sua religião, as pessoas crentes buscam ser fiéis ao Deus da história, superando uma "perigosa indiferença" (FT 73) às vicissitudes da história humana. Nada do que é da história do mundo é indiferente às pessoas de fé, de modo que "*extra mundum nulla salus* [...]. O mundo da criação, nossa história no seio da natureza como o seu entorno, é o palco do agir salvífico de Deus em e por mediação de homens" (SCHILLE-

BEECKX, 1994, p. 30). Assim, o estatuto teológico das religiões afirma o mundo em que elas estão como o lugar da manifestação do mistério divino. Na perspectiva cristã, Francisco ensina que este mundo é o "espaço teologal onde se pode experimentar a presença mística do Senhor ressuscitado" (GE 142). E nesse mundo as religiões precisam contribuir umas com as outras para que o humano revele a si mesmo, enraíze-se em sua verdade, não orgulhosamente e autocentrado, mas na relação com os outros seres humanos, com a criação e com Deus.

4.3 Um diálogo amplo e plural

O magistério de Francisco faz um significativo esforço para situar a Igreja no mundo plural em que vivemos, colhendo as interpelações para o Evangelho e as possibilidades para a missão. Nesse contexto, a proposta do diálogo é ampla, diz respeito a tudo o que se refere ao nosso tempo, como a economia, a política, a cultura, a religião etc. E é plural nas perspectivas de abordagem a tais questões. Esse pluralismo inclui uma interdisciplinariedade epistêmica na compreensão das temáticas que formam a pauta do diálogo, na metodologia e nos objetivos do diálogo, conforme os parceiros nele envolvidos. Francisco não teme colocar a Igreja num diálogo pluriforme, uma vez que assim é o mundo em que ela se situa. Mas é fundamental garantir uma leitura religiosa consistente dessa realidade, para além da análise fenomenológica, discernindo seu significado teológico, o que acontece a partir dos princípios e das convicções das diferentes religiões: "Não se pode admitir que, no debate público, só tenham voz os poderosos e os cientistas. Deve haver um lugar para a reflexão que procede de uma formação religiosa que reúne séculos de experiência e sabedoria" (FT 275). Explicita-se, assim, a dimensão teologal da realidade do contexto religioso plural atual, que pode causar resistências e temor, mas também pode ser entendida como impulso para o diálogo, a interação, o intercâmbio e a cooperação inter-religiosa. Nisso a Igreja em saída mostra-se ousada, criativa, corajosa e profética, discernindo na realidade plural as expressões do Evangelho e os sinais do Reino, bem como as contradições. A compreensão de Igreja e do Evangelho não é desenvolvida em perspectivas exclusivistas, mas como proposta para contribuir no discernimento do divino no mundo. E as sintonias no horizonte do divino fortalecem a compreensão da verdade sobre o mundo: "se não existe uma verdade transcendente, na obediência à qual o homem adquire a sua plena identidade, então não há qualquer princípio seguro que garanta relações justas entre os homens" (FT 273).

O caráter amplo e plural do diálogo é afirmado pelo Papa Francisco em diversas ocasiões, compreendendo que toda pessoa, comunidade, forma de crer têm uma contribuição a dar tanto para um mundo melhor quanto para a compreensão da presença e ação de Deus nesse mundo. Ninguém está excluído da mesa do diálogo. À delegação palestina que visitava Roma para criar uma comissão para relações com o Pontifício Conselho para o Diálogo Inter-religioso, em 2017, o papa afirmou:

> O diálogo estabelece-se em todos os níveis: consigo mesmos, através da reflexão e da oração, em família, no seio da comunidade religiosa, entre as diversas comunidades religiosas e também com a sociedade civil. A sua condição primária é o respeito recíproco e, ao mesmo tempo, a consolidação deste respeito a fim de reconhecer os direitos a todas as pessoas, onde quer que se encontrem (FRANCISCO, 06/12/2017).

Não se trata de buscar um consenso nas doutrinas religiosas, ou mesmo nas convicções socioculturais, mas um esforço para fazer com que as diferenças, e mesmo as divergências, não obstaculizem um olhar e uma ação conjunta das religiões para as diversas situações do mundo atual. Então,

> do diálogo brota um maior conhecimento recíproco, uma maior estima recíproca e uma colaboração para a consecução do bem comum e para uma ação sinérgica em relação às pessoas carentes, garantindo-lhes toda a assistência necessária (FRANCISCO, 06/12/2017).

A Igreja assume, assim, o debate público como "estímulo constante que permite alcançar de forma mais adequada a verdade ou, pelo menos, exprimi-la melhor" (FT 203). Reitera o que já foi afirmado por João Paulo II: "todos os cristãos devem empenhar-se no diálogo com os fiéis de todas as religiões, de modo a fazer crescer a compreensão e a colaboração, para reforçar os valores morais, para que Deus seja louvado em toda a criação" (JOÃO PAULO II, *apud* DUPUIS, 1997, p. 485). Isso exige reconhecer a forma plural de compreender a verdade, sabendo que num diálogo frutífero "a atitude correta não é a uniformidade forçada nem o sincretismo conciliador" (FRANCISCO, 04/02/2019). Pois, "apesar de os irmãos estarem ligados por nascimento e possuírem a mesma natureza e a mesma dignidade, a fraternidade exprime também a multiplicidade e a diferença que existe entre eles" (FRANCISCO, 04/02/2019). Para entrar nesse debate, com respeito, humildade e espírito de acolhida do outro, é fundamental que o diálogo seja "guiado apenas pelo amor pela verdade e com a necessária prudência; não exclui ninguém" (GS 92). E assim o diálogo plural faz-se um serviço ao mundo, às religiões, a Deus: "o que estamos chamados a fazer como crentes é trabalhar pela igual dignidade de todos em nome do Misericordioso" (FRANCISCO, 04/02/2019).

5

DIMENSÕES DO DIÁLOGO INTER-RELIGIOSO NA IGREJA EM SAÍDA

Assumindo a "coragem da alteridade" por um diálogo amplo e profundo à esteira do Vaticano II, o Papa Francisco propõe uma Igreja na qual o diálogo e o encontro são fundamentais para sua reconfiguração em perspectiva sinodal. A Igreja assume um caminhar juntos na dinâmica de saída, reafirmando a centralidade do diálogo, como já presente na Encíclica *Ecclesiam Suam,* de Paulo VI.

Nos documentos Diálogo e Missão e Diálogo e Anúncio são apresentadas quatro dimensões do diálogo, que aqui retomamos, identificando-as a partir do magistério de Francisco.

5.1 Dimensão sociocultural

Em seu processo de "saída", a Igreja está atenta "aos sinais dos tempos", sensível às diversas situações pelas quais passa a humanidade. Percebe que o mundo sofre rápidas e profundas mudanças nos âmbitos econômico, político, cultural e religioso, causando dificuldades e paradoxos, esperanças e angústias (GS 4). O Concílio constatou que as ciências e um novo sistema cultural (GS 5) produzem a sociedade industrial e a civilização urbana que avançam nas zonas rurais (GS 6), com mudanças que afetam todos os segmentos da sociedade (GS 7). Mas o progresso não é para todos. O Papa Francisco identifica "sombras de um mundo fechado" (FT 13-55) e "sonhos desfeitos em pedaços" (FT 10-12), devido a uma globalização sem rumo comum, às pandemias e a outros flagelos da história que fragilizam a dignidade humana e causam a "cultura do descarte" (FT 188). Vivemos num mundo sem projetos para todas as pessoas, o que acentua a "economia da exclusão" (EG 53-54), a desigualdade social que gera violência (EG 59-60), o individualismo que desintegra o tecido social (EG 67), agravando os inúmeros problemas de ordem pessoal, familiar e social (GS 8).

É nesse mundo que a Igreja precisa se situar e a ele dar a sua contribuição. Não é uma Igreja que pretende "ensinar", "corrigir" ou "condenar" o mundo, mas *dialogar* e *cooperar* para compreender a sua realidade e transformar o que for necessário para favorecer a justiça, a liberdade e a paz. A Igreja é companheira, servidora e solidária com o mundo (GS 1-2). Por isso, ela faz a opção preferencial pelos menos favorecidos, os pobres, os miseráveis e todos os que sofrem (GS 3). Tal opção é "implícita na fé cristológica" (DAp 393) e constitutiva da missão da Igreja. O Concílio exorta a olhar para os pobres com amor traduzido em obras de caridade (AA 8), reconhecendo Cristo nas pessoas torturadas pela fome, doenças e miserabilidade (GS 88). Exorta a uma vida humilde, de abnegação com as pessoas que expressam para nós o rosto pobre e sofredor de Cristo (LG 8) e, consequentemente, compromete-nos com eles, como mandato de Cristo (CD 13). Para isso, urge que agentes da Igreja, sobretudo seus ministros ordenados, superem as tentações à autorreferencialidade e à vaidade (PO 17), dando testemunho de pobreza (PC 13).

É nessa direção que o Papa Francisco caminha com o Concílio, destacando a solidariedade samaritana para com os sofredores como "uma opção fundamental que precisamos tomar para reconstruir este mundo" (FT 67). O papa faz um diagnóstico realista do mundo atual, percebendo que "a história dá sinais de regressão", por "nacionalismos fechados [...] novas formas de egoísmo e de perda do sentido social" (FT 11), a dissolução das identidades nas regiões mais frágeis e pobres (FT 12), o "descarte mundial" (FT 18-21), a negação dos direitos humanos (FT 22-24). Vale para hoje o que afirmou o

Vaticano II: "nunca o gênero humano teve ao seu dispor tão grande abundância de riquezas, possibilidades e poderio econômico; e, no entanto, uma imensa parte dos habitantes da terra é atormentada pela fome e pela miséria, e inúmeros são ainda analfabetos" (GS 4). Enfim, "aumentou a riqueza, mas não a equidade", o que gera "novas pobrezas" (CV 22).

Urge a cooperação inter-religiosa em ações sociais que promovam e defendam a vida humana e a do planeta. As religiões são chamadas a lançarem um olhar comum para o humano e as vicissitudes do seu meio, cooperando na busca de solução aos problemas sociais que aí existem. Elas são convidadas a "estabelecerem um diálogo entre si, visando ao cuidado da natureza, à defesa dos pobres, à construção de uma rede de respeito e fraternidade" (LS 201). Para isso, três exigências são fundamentais:

1) a afirmação da *liberdade religiosa*, com o respeito pelo indivíduo e a sua consciência. O *Relatório sobre a Liberdade Religiosa no Mundo* (ACN-BRASIL, 2021) mostra que ela foi violada em um terço dos países do mundo, onde vivem 5,2 milhões de pessoas. Mais de 646 milhões de cristãos vivem em países com forte restrição à liberdade religiosa. Diante de tal realidade, o Papa Francisco pergunta:

> Como é possível que hoje muitas minorias religiosas sofram discriminação ou perseguição? Como permitimos que nesta sociedade altamente civilizada existam pessoas que são perseguidas simplesmente por professarem publicamente sua fé? Isso não só é inaceitável, é desumano, é insano (AID TO THE CHURCH..., 2021).

Entendendo que perseguir alguém pelo simples fato de professar publicamente a sua fé é, além de inaceitável, "desumano e insano". O papa diz que "a liberdade religiosa não se limita à liberdade de culto; ou seja, a que se possa ter um culto no dia prescrito pelos seus livros sagrados". Mas está ligada ao conceito de fraternidade, o que requer não só respeitar os outros, mas valorizá-los "em suas diferenças e reconhecê-los como verdadeiros irmãos" (AID TO THE CHURCH..., 2021). Isso exige ver a religião além de práticas isoladas, compreendendo o papel construtivo das religiões na sociedade, o que se requer passar da situação de tolerância para a cooperação inter-religiosa para o bem social comum. Enfim, a liberdade religiosa

> manifesta que podemos encontrar um bom acordo entre culturas e religiões diferentes [...] é possível encontrar um caminho de convivência serena, ordenada e pacífica, na aceitação das diferenças e na alegria de sermos irmãos porque somos filhos de um único Deus (FT 279).

E isso precisa ser garantido pelas políticas que regem as nações. Em seu discurso aos líderes de governos e religiões tradicionais no VII Congresso Inter-religioso no Cazaquistão, em 2022, Francisco afirmou:

> É preciso sobretudo empenhar-se para que a liberdade religiosa seja, não um conceito abstrato, mas um direito concreto. Defendamos para todos o direito à religião, à esperança, à beleza [...] ao céu (FRANCISCO, 13-15/09/2022).

2) Uma segunda exigência para a cooperação das religiões no meio social é alcançar um consenso sobre fins e valores sociais comuns, bem como os meios para alcançá-los, como a justiça, a liberdade, a igualdade, a paz etc., cujas raízes e significado pleno apresentam-se de modo variado nas diversas religiões. No n. 250 da *Evangelii Gaudium*, o papa entende que o "diálogo inter-religioso é uma condição necessária para a paz no mundo", e convida as religiões a estarem juntas para "servirem à justiça e à paz". Pois "um diálogo no qual se procuram a paz e a justiça social é, em si mesmo, para além do aspecto meramente pragmático, um compromisso ético que cria novas condições sociais". De fato, a justiça e a paz estão no coração das religiões, de forma que cada uma é chamada a se comprometer, a partir da própria crença, com a justiça e a paz no mundo. O importante a observar aqui é que este esforço precisa ser feito em conjunto, por projetos comuns que, ao mesmo tempo em que contribui para a paz no mundo, também pacifica as relações entre as religiões.

3) Como terceira exigência para a cooperação inter-religiosa no meio social está a afirmação dos direitos humanos. E nisso o Papa Francisco é um verdadeiro militante: "É preciso assumir a perspectiva dos direitos dos povos e das culturas" (LS 144), comprometendo os líderes políticos das nações para assegurar esses direitos:

> Pedimos veementemente aos governos e às competentes organizações internacionais que assistam aos grupos religiosos e às comunidades étnicas que sofreram violações dos seus direitos humanos e liberdades fundamentais, e violências da parte de extremistas e terroristas, inclusive em consequência de guerras e conflitos militares (FRANCISCO, 15/09/2022).

O papa é um verdadeiro militante dos direitos à moradia, ao trabalho, à educação, à saúde, à moradia etc., com particular atenção aos direitos dos migrantes e refugiados. São conhecidos os encontros com os movimentos populares nos quais Francisco insiste nos "três tês" (terra, teto, trabalho) como síntese de sua doutrina social (SANTAGATA, 2017). A raiz dos direitos humanos é a sociedade secularizada e autônoma. Para as religiões, essa autonomia pode causar tensões, pois elas querem ter ingerência sobre eles. E cada religião pretende pôr um fundamento próprio para os direitos humanos, por vezes criando modelos legislativos próprios, com suas concepções de liberdade, de igualdade, de dignidade, da relação indivíduo-coletividade etc., chegando à construção de fronteiras que excluem os membros de outras religiões dos "direitos" que ela afirma para os seus próprios membros. O Papa Francisco contribui para superar essa realidade ensinando que

> as várias religiões, ao partir do reconhecimento do valor de cada pessoa humana como criatura chamada a ser filho ou filha de Deus, oferecem uma preciosa contribuição para a construção da fraternidade e para a defesa da justiça na sociedade (FT 271).

A cooperação das religiões no meio social exige uma compreensão comum dos direitos fundamentais da pessoa. A questão central a ser respondida é: Como as religiões poderão contribuir para a promoção dos direitos humanos? Há dois caminhos principais para isso:

1) Há um caminho teórico pelo qual as religiões podem justificar a afirmação dos direitos humanos num horizonte religioso. Justificando seu fundamento espiritual, colocam-se os direitos humanos numa dimensão de transcendência. A espiritualidade religiosa eleva os direitos humanos aos padrões mais altos da vida social, como a justiça, a paz, a liberdade, a amizade, a solidariedade, a dignidade da vida. Para a pessoa crente, esses valores são vinculados à sua fé; são sociais e espirituais, simultaneamente. Em última instância, vinculam-se os direitos humanos com a divindade, afirmando-os como vontade de Deus para todas as pessoas e todos os povos. Então, os direitos do ser humano fundam-se nos direitos de Deus, consistem em realizar a sua vontade "na terra como no céu", a "vida em abundância" (Jo 10,10) do Reino.

2) E há um caminho prático, que é lutar pela sua afirmação com políticas públicas que os assegurem no cotidiano da vida social. E

> dado que o direito por vezes se mostra insuficiente devido à corrupção, requer-se uma decisão política sob pressão da população. A sociedade, através de organismos não governamentais e associações intermédias, deve forçar os governos a desenvolverem normativas, procedimentos e controles mais rigorosos (LS 179),

para afirmar o direito da coletividade.

5.2 Dimensão teológica

Reconhecendo o Espírito atuando na vida das pessoas e em sua situação religiosa, o Vaticano II interpreta os elementos institucionais das religiões como "*semina verbi*" e "reflexo" da Luz que, para a Igreja, é Cristo. Entende que todos os povos têm a mesma "origem" e "um só fim último" (NA 1), de modo que, como afirmado por João Paulo II, "há um só desígnio divino para cada ser humano que vem a este mundo (cf. Jo 1,9)" (JOÃO PAULO II, *apud* DUPUIS, 1997, p. 485). As religiões buscam compreender esse desígnio nos caminhos da história, na qual percebem uma "oculta presença de Deus" (AG 9).

Para discernir melhor o "oculto" que se revela, é que se fortalece o diálogo inter-religioso por um intercâmbio das experiências de fé, como aquelas vividas na oração, na contemplação, nas diferentes buscas do Absoluto (DM 28-35). Esse diálogo é um ato revelador de Deus em sua relação com a humanidade (DV 2-5) e possibilita "uma conversão mais profunda de todos para Deus" (DA 41). Isso fundamenta a relação da Igreja com o mundo (GS 3, 40; PO 12; CD 13), com as diferentes religiões (NA; DH; GS 92; AG 16, 34, 41; GE 11), com as ciências, as culturas e as pessoas de boa vontade (AA 14). Trata-se de um "diálogo de salvação", como expressão do próprio Deus na história humana:

> O diálogo da salvação foi aberto espontaneamente por iniciativa divina: "Ele [Deus] foi o primeiro a amar-nos" (1Jo 4,10). A nós tocará outra iniciativa, a de prolongarmos até aos homens esse diálogo, sem esperar que nos chamem (ES 42).

Desenvolve-se desse modo a dimensão teológica do diálogo inter-religioso, mostrando que ele condiz com a finalidade de toda religião. O diálogo enraíza-se na própria fé, e o seu objetivo principal consiste em aprofundar o compromisso de fé das pessoas crentes, como resposta ao impulso do Espírito em suas vidas, dom para si que pode ser compartilhado com os demais (cf. DA 40). Diz o Papa Francisco: "O mesmo Espírito suscita por toda parte diferentes formas de sabedoria prática" (EG 254) que dão suporte ao sentido da realidade. Aqui o Papa Francisco não apenas expressa sintonia com o Vaticano II, mas enfatiza que "nós, cristãos, podemos tirar proveito também desta riqueza" presente nas outras religiões, "que pode nos ajudar a viver melhor as nossas próprias convicções" (EG 254).

O documento final do Sínodo para a Amazônia (n. 23-25) e a Exortação Pós-sinodal Querida Amazônia (n. 26-27) fortalecem a compreensão teológica do diálogo inter-religioso ao mostrar sua função de relacionar as diferentes compreensões da história do ser humano e da criação, colocando-as no horizonte do Mistério/Divino. O papa sublinha na *Fratelli Tutti* que "tornar Deus presente é um bem para as nossas sociedades. Buscar a Deus com coração sincero [...] ajuda a nos reconhecer como companheiros de estrada, verdadeiramente irmãos" (FT 274). Promover esse diálogo é um ato de coerência da Igreja em saída, na consciência que "os cristãos e os demais são chamados a colaborar com o Espírito do Senhor Ressuscitado, Espírito que é presente e age universalmente" (DA 40).

Para isso, as diferentes religiões precisam superar toda tendência a uma postura apologética conflitiva e discernir na proposta de outras, o que contribui para expressar melhor o projeto divino para a humanidade. As religiões buscam o "bem-viver" que o Sínodo para a Amazônia interpreta como "alegria e plenitude" de vida pela "harmonia pessoal, familiar, comunitária e cósmica" (QAm 71). O Papa Francisco entende que, para tanto,

> será preciso fazer apelo aos crentes para que sejam coerentes com a sua própria fé e não a contradigam com as suas ações; será necessário insistir para que se abram novamente à graça de Deus e se nutram profundamente das próprias convicções sobre o amor, a justiça e a paz (LS 200).

Assim, o diálogo inter-religioso contribui para a compreensão de como as religiões buscam responder às questões vitais mais profundas das pessoas, elucidar enigmas, afirmar o sentido da realidade (cf. NA 1). E o fazem orientando seus membros para a busca de Algo/Alguém além da imanência, como Fim Último. Na medida em que dialogam sobre esse objeto de fé, as religiões podem intercambiar experiências e respostas encontradas no Espírito, que atua em cada uma delas. Isso não ameaça a identidade religiosa de cada pessoa crente, antes a enraíza na própria tradição, mas sem posturas fundamentalistas e exclusivistas. Afinal, "se uma pessoa acredita que o Espírito Santo pode agir no diverso, então procurará deixar-se enriquecer com essa luz, mas irá acolhê-la a partir de dentro das suas próprias convicções e da sua própria identidade" (QAm 106).

É este diálogo que assegura a convivência pacífica de povos, culturas e credos, convivência que faz da Casa Comum o lugar onde a vida é defendida e promovida em suas variadas formas, no ser humano e na natureza. Assim, sabemos, com base nas nossas respectivas tradições espirituais, que existe realmente um caminho para avançar, há um caminho que leva à cura, à mútua compreensão e respeito; um caminho baseado na compaixão e no amor (FRANCISCO, 29/11/2017).

Esse caminho é o diálogo.

5.3 Dimensão espiritual

Há diferentes compreensões de espiritualidade e diferentes modos de vivê-la nas religiões e além delas. Mas nenhuma pode negar que a espiritualidade é uma dimensão constitutiva da vida humana e das religiões. Em seu magistério, Francisco não apresenta uma definição teórica da espiritualidade, mas a propõe numa perspectiva vivencial, apontando os elementos essenciais da espiritualidade cristã. A espiritualidade é uma "qualidade de vida" que fortalece um estilo "profético e contemplativo" (LS 222). Trata-se de uma abertura interior ao bem, à verdade e à beleza, a Deus que se manifesta na interioridade da pessoa (LS 205). Tem-se, então, uma gratuidade de vida confiante em Deus, valorizando devidamente as pessoas, as coisas mais simples e alegra-se com elas. Então tem-se um estilo de vida simples, sóbria, frugal, que evite a "dinâmica do domínio e da mera acumulação de prazeres" (LS 222). Essa espiritualidade se expressa por uma "sobriedade libertadora" (LS 223), pelo que "quanto menos, tanto mais". Assim, "é possível necessitar de pouco e viver muito" (LS 223), o que possibilita uma "integridade de vida" e "humildade sadia" (LS 224). Isso é o que permite "uma atitude do coração, que vive tudo com serena atenção" (LS 226) e dá "a capacidade de admiração que leva à profundidade da vida" (LS 225). E tal é a base de encontros fraternos entre as pessoas e da relação com a natureza, numa ecologia humana e ambiental integral que permite "recuperar a harmonia serena com a criação, refletir sobre o nosso estilo de vida e os nossos ideais, contemplar o Criador" (LS 224).

No coração de uma espiritualidade autêntica está uma vida de virtudes. A cultura pós-moderna tende a equiparar a espiritualidade a estados subjetivos de consciência ou noções egocêntricas de realização pessoal. Isso mitifica o próprio ego, abençoando as próprias preferências e canonizando a própria visão de mundo. Na tradição judaica, o Deus de Israel condena essa atitude como idolátrica. O papa lembra que na vida cristã uma espiritualidade autêntica se caracteriza pelas virtudes que Cristo evidencia em sua forma perfeita, como ensinou nas Bem-Aventuranças (Mt 5,1-12): ser pobre em espírito, manso de coração, confiante em Deus, buscar a justiça, ser misericordioso, ser puro de coração, promover a paz, enfrentar com fé as perseguições por causa do Reino. As pessoas verdadeiramente "espirituais" são as verdadeiramente virtuosas, e a medida mais segura do crescimento espiritual não é a experiência elevada de uma consciência refinada ou extática, mas a capacidade aumentada de perdoar livremente o mal que recebe e praticar a caridade com alegria.

Portanto, o Papa Francisco ensina que para ser espiritual é preciso ser virtuoso. E como jesuíta, ele aprendeu pelos exercícios dos retiros inacianos a fazer o discernimento das virtudes, como a humildade para reconhecer os próprios limites, e mesmo pecados; a contemplação na ação, que conduz ao engajamento ético, social e pastoral; o espírito da gratidão constante ao que Deus faz por nós; o encontro de Deus em cada pessoa e em toda parte; a liberdade em relação à doutrina, mostrando que "a tradição e a memória do passado devem nos ajudar a ter a coragem de abrir novas áreas a Deus" (SULLIVAN, 2014).

As religiões dificilmente se encontrarão em seus elementos externos, como doutrinas, disciplinas, regras litúrgicas. Mas poderão encontrar-se no que há de mais interior em cada uma, a espiritualidade ou a mística. E "nesse encontro elas se enriquecem mutuamente no que cada uma tem de mais essencial para humanizar a pessoa, dar testemunho da fé em Deus e agir no mundo" (WOLFF, 2016, p. 97). Assim, "o diálogo das religiões é, em maior profundidade, um diálogo das espiritualidades" (WOLFF, 2016, p. 97). E desse modo acontece um intercâmbio do próprio *ser* da religião, das convicções mais profundas de cada uma, que dão sentido ao credo, ao rito, à doutrina, ao *ethos*. Há uma comunhão de sensibilidades espirituais e místicas que em certa medida relativizam os elementos mais externos e muito contribui para superar as tensões e os conflitos que deles emergem entre as tradições religiosas.

Assim, o diálogo inter-religioso pode partir de situações sociais e a elas se endereçar; pode envolver teologias, símbolos e práticas das religiões; pode, e deve, promover ações conjuntas, mas não se limita a isso. As motivações mais profundas desse diálogo são de natureza espiritual. É o espírito de uma religião que busca comungar com o espírito de outra religião. E então abre-se a possibilidade para o reconhecimento do mesmo Espírito agindo em cada pessoa e em cada religião. A experiência do Absoluto não se limita a nenhuma delas. Então, o diálogo inter-religioso aprofunda a fé que cada pessoa vive no seu próprio compromisso religioso – pelo que expressa sua busca sincera de Deus, ao mesmo tempo em que possibilita reconhecer o valor do compromisso religioso do outro. A dimensão espiritual do diálogo inter-religioso permite, assim, um intercâmbio de fé, reconhecendo as formas diferentes de acolher o "dom gratuito que Ele [Deus] faz de si mesmo [e] visa uma conversão mais profunda para Deus" (DA 41).

5.4 Dimensão missionária

Um elemento que precisa ser aprofundado é a relação entre diálogo e missão. Aí surgem questões que pedem respostas atualizadas, como: A orientação da Igreja sobre o diálogo inter-religioso revoga o mandato missionário de Cristo? O diálogo será um elemento fragilizador da convicção missionária dos cristãos? Como entender que missão e diálogo não se excluem, mas se exigem mutuamente para a eficácia do testemunho e da pregação do Evangelho? Desde a Encíclica *Ecclesiam Suam* (Paulo VI, 1964), a Igreja entende que o diálogo e a missão vão juntos. E para isso, o diálogo não pode ser instrumentalizado em função da evangelização; ele não é apenas "meio" da missão, mas é também seu "conteúdo", de modo que a missão deve ser permeada pelo diálogo. Assim, mesmo sendo distintos, diálogo e missão não se contrapõem; o diálogo "faz parte da missão evangelizadora da Igreja" (RM 55), sendo uma das expressões da missão e um caminho para o Reino (RM 57).

Essa convicção está fortemente afirmada também no documento Diálogo e Missão, que entende a missão da Igreja como um processo constituído por cinco passos: presença e testemunho, serviço de promoção humana, vida litúrgica/espiritual, diálogo e anúncio/catequese. Nesse contexto, o diálogo é "uma atitude e um espírito", e por isso "a norma e o estilo necessário de toda a missão cristã". Na mesma direção segue o documento Diálogo e Anúncio, afirmando que "o diálogo inter-religioso e o anúncio, embora não no mesmo nível, são elementos autênticos da missão evangelizadora da Igreja. São legítimos e necessários" (DA 77). A chave para relacionar corretamente diálogo e missão/anúncio é a sensibilidade às circunstâncias específicas da afirmação da fé no mundo, com atenção aos "'sinais dos tempos', pelos quais o Espírito de Deus fala à Igreja, e discernimento" (DA 78). Enfim, o anúncio e o diálogo são "dois caminhos para cumprir a única missão da Igreja" (DA 82).

Note-se que, não obstante o entendimento do diálogo como constitutivo da missão, ele não se identifica e nem substitui a missão: "o diálogo [...] não constitui a inteira missão da Igreja, que não pode simplesmente substituir o anúncio, mas permanece orientado para o anúncio enquanto nele o processo dinâmico da missão evangelizadora da Igreja alcança o seu cume e a sua plenitude" (DA 82). Embora nos documentos citados o anúncio tenha precedência, observa-se que o diálogo inter-religioso é "a única maneira de render sincero testemunho a Cristo e generoso serviço ao homem" (RM 57). Concretamente, o diálogo se realiza como "uma atitude de respeito e de amizade, que penetra em todas as atividades que constituem a missão evangelizadora da Igreja" (DA 9). Para isso é preciso superar certa ambiguidade constatada no Vaticano II entre a afirmação da vontade salvífica universal de Deus, de um lado, e a necessidade da Igreja para a realização desse projeto divino, de outro lado. Pois sendo a Igreja "sacramento universal de salvação" (LG 1, 48), ela é inseparável do Reino de Deus, e ambos da pessoa e ação de Cristo (DA 34). Nesse sentido, também os membros das diversas religiões são ordenados à Igreja (LG 16), como sacramento do Reino (DA 35). Essa ambiguidade se mostra numa ênfase maior ao anúncio do que ao diálogo, como chamado a todas as pessoas a participarem do Reino já "presente em mistério" na Igreja. Tal é o próprio e específico da ação missionária da Igreja (RM 34). A prioridade do anúncio como "lugar central e insubstituível" (RM 44) na Igreja permite entender que o diálogo "permanece orientado para o anúncio enquanto nele o processo dinâmico da missão evangelizadora da Igreja atinge o seu cume e a sua plenitude" (DA 82).

Para superar o risco do eclesiocentrismo que isso implica (RM 48) é importante fortalecer o diálogo que possibilita o cristocentrismo na perpectiva reinocêntrica (DM 13; DA 8, 82). Então, o debate teológico sobre as religiões precisa passar da eclesiologia à cristologia. Historicamente, a Igreja tem dificuldades de falar de Jesus Cristo sem identificar sua mediação com a própria Igreja, como acontece na Declaração *Dominus Iesus*. Mas é a partir de Cristo que a Igreja precisa repensar sua missão, pois Ele é o conteúdo central do anúncio. São os sinais da graça de Cristo no mundo que a missão busca identificar e fortalecer. E ao fazê-lo entra em diálogo com as culturas e as religiões, um "diálogo correlacional e globalmente responsável" (KNITTER, 2010, p. 37). Assim, o diálogo contribui não apenas para que as religiões se compreendam mutuamente, mas para que juntas assumam compromissos pela defesa e a promoção da vida humana e de toda a criação, pois "qualquer encontro interconfessional é incompleto, talvez até perigoso, se não inclui uma preocupação com o sofrimento humano e ecológico que prevalece em todo o Planeta e uma tentativa de resolvê-lo" (KNITTER, 2010, p. 37).

É neste sentido que também o Papa Francisco relaciona diálogo e missão, como afirmado na declaração assinada com o Patriarca Bartolomeu I:

> apelamos a todos os cristãos, juntamente com os crentes das diferentes tradições religiosas e todas as pessoas de boa vontade, que reconheçam a urgência deste tempo que nos obriga a buscar a reconciliação e a unidade da família humana, no pleno respeito das legítimas diferenças, para o bem de toda a humanidade atual e das gerações futuras (FRANCISCO; BARTOLOMEU I, 25/05/2014).

Isso ajuda a Igreja em saída a situar-se de modo positivo no atual contexto religioso plural, numa atitude de humildade na sua proposta de orientação de sentido à vida das pessoas e da realidade como um todo, ao mesmo tempo em que tem firmeza em suas convicções. Assim, ela contribui com as demais religiões para a afirmação do princípio da liberdade religiosa, estabelecendo um acordo básico sobre "os valores que trazem substância à vida pública e à busca do bem-estar neste mundo" (AMALADOSS, 1996, p. 213). Isso diz respeito aos fins e aos valores comuns, bem como aos meios para alcançá-los, que Amaladoss distingue dos "sistemas de significado supremo", os quais permanecem específicos em cada religião. O "comum" aqui são as causas sociais da justiça, da liberdade, da igualdade, da paz, do meio ambiente, entre outros. Para tanto, faz-se necessário admitir que no interior de cada religião existe espaço para outras perspectivas de Sentido Último, do Divino, e a partir de suas compreensões desse Mistério Maior, as religiões são convocadas a promoverem iniciativas comuns para o bem da humanidade e de toda a criação. É o que o Papa Francisco disse nos Emirados Árabes, "Chegou o tempo de as religiões se gastarem mais ativamente, com coragem e ousadia e sem fingimento, para ajudar a família humana a amadurecer a capacidade de reconciliação, a visão de esperança e os itinerários concretos de paz" (FRANCISCO, 04/02/2019). Tem-se, assim, uma maior clareza de como as narrativas e práticas religiosas incidem nas relações sociais. E é preciso fazer com que essa incidência seja positiva para fortalecer a justiça e a paz entre pessoas e povos. No encontro ecumênico e inter-religioso em Nairobi, em 2015, Francisco afirmou:

> Com efeito, as crenças religiosas e a maneira de as praticar influem sobre aquilo que somos e a compreensão do mundo que nos rodeia. São, para nós, fonte de iluminação, sabedoria e solidariedade, enriquecendo assim as sociedades onde vivemos [...] ao formar as mentes e os corações para a verdade e os valores ensinados pelas nossas tradições religiosas, tornamo-nos uma bênção para as comunidades onde vive o nosso povo (FRANCISCO, 26/11/2015).

6

O ENCONTRO E O DIÁLOGO NA VERDADE DAS RELIGIÕES

Na perspectiva cristã, a cultura do encontro enraíza-se na fé no Deus que se manifesta em Jesus Cristo. E isso ilumina a compreensão da verdade como "o amor de Deus por nós em Jesus Cristo" (Francisco). Numa Igreja em saída, essa verdade sobre Deus sustenta o encontro e o diálogo entre pessoas, povos, culturas e credos. No magistério de Francisco, a concepção de "verdade" não se dá a partir de sua dualidade absoluta/relativa, mas sim como relacional (FRANCISCO, 2013). Os Padres da Igreja já mostravam que Deus é essencialmente relação (Agostinho), de modo que a base teológica do encontro e do diálogo na verdade proposto por Francisco está em Deus mesmo. O Deus Trinitário vive numa permanente dinâmica interna de encontro e diálogo, interação e comunhão. E na economia da salvação, essa realidade *ad intra* do Deus Triúno gera realidades *ad extra* que expressam o desígnio divino para toda a humanidade. É o que vemos na história de libertação de Israel da situação de escravidão (Ex 3) e na encarnação do Verbo (Jo 1,14). Assim, o modo de ser de Deus torna-se modelo de vida para quem nele crê. Na perspectiva cristã, é o que orienta para o discipulado de Cristo e a Igreja que se origina desse discipulado. A Igreja em saída faz-se encontro, relação e comunhão, em sua organização e em sua ação missionária. Assim, os/as discípulos/as de Cristo são "missionários/as" que sabem se situar numa relação positiva com a realidade plural do mundo atual.

Então, no encontro e no diálogo fundamentados na verdade da fé não se exclui ninguém. Saindo para o mundo, a Igreja não vai como dona da verdade, mas na condição de peregrina em sua busca. Não apenas fala o que entende ser sua verdade, mas também ouve a concepção que o outro tem da verdade e na qual vive.

> Só de forma muito pobre chegamos a compreender a verdade que recebemos do Senhor. E, ainda com maior dificuldade, conseguimos expressá-la. Por isso, não podemos pretender que o nosso modo de entendê-la nos autorize a exercer um controle rigoroso sobre a vida dos outros (GE 53).

Daí temos que num mundo plural a verdade não é unidirecional e não se admite o monólogo. A alteridade e a diversidade são formas de manifestação da verdade que é constitutiva da identidade de cada pessoa, com sua cultura e sua fé. E numa postura dialogal, a verdade do outro ajuda na compreensão da minha própria verdade e identidade. Nessa postura tem-se a busca da verdade como um processo dinâmico e mutável. Não há uma forma rígida de expressá-la, como ensina o Papa Francisco: "também as formas de expressão da verdade podem ser multiformes, e isto é necessário para a transmissão da mensagem evangélica no seu significado imutável"[11]. Para isso, urge superar a "colonização ideológica que não deixa espaço para a liberdade de expressão" (FRANCISCO, 10/01/2022).

Nisso temos a raiz da proposta do Papa Francisco sobre a "cultura do encontro" e a "cultura do diálogo". Elas se fazem necessárias para que a humanidade possa conviver na verdade. Um tema difícil de ser afirmado numa cultura da "pós-verdade", na qual imperam afirmações fragmentadas, parciais e inconsistentes sobre a realidade. Nesse contexto, a Igreja em saída afirma, humildemente, a possibilidade da verdade, que mesmo se enraizada em sua tradição, reconfigura-se em suas expressões nos diferentes tempos e contextos. Ao sair para o encontro com as diferentes Igrejas, culturas e religiões, a Igreja não se afirma com uma verdade pré-definida em tudo, deixa que a verdade

---

11. Entrevista concedida a Antônio Spadaro, em 19/09/2019, e publicada em 26 revistas jesuítas do mundo.

se manifeste na sinceridade do encontro e do diálogo. E num mundo de tantos problemas e conflitos, o encontro na verdade é condição para "uma justiça sustentável e à paz para todos, bem como a um autêntico cuidado por nossa Casa Comum" (FRANCISCO, 10/02/2021).

6.1 Cada religião na sua verdade

Pode-se, então, afirmar que toda religião é, em princípio, verdadeira? Queiruga (2010, p. 346) entende que a resposta exige compreender o "tipo de verdade" que a religião mostra sobre o Mistério, e toda religião tem um tipo de apreensão da verdade. Knitter (2010, p. 44) adverte que elas "fazem parte dessa verdade *de forma muito diferente*". Essas diferenças precisam ser consideradas e mantidas, pois são o que lhe dão identidade e constitui "o material do diálogo" (KNITTER, 2010, p. 45). Nesse diálogo, as muitas religiões verdadeiras podem compartilhar da verdade. A diversidade é comunicativa e possibilita complementariedade na verdade. Diz Schillebeeckx (1990, p. 166): "Há mais verdade religiosa em todas as religiões juntas do que em uma religião específica [...] isto se aplica também ao cristianismo". E no Congresso de Líderes das Religiões Mundiais e Tradicionais do Cazaquistão (2022) o Papa Francisco afirmou: "Purifiquemo-nos da presunção de nos sentirmos justos e não ter nada a aprender dos outros" (FRANCISCO, 13-15/09/2022).

Então, para superar tendências de negar alguma verdade nas religiões dos outros, propõe-se a dialética "verdadeiro/mais verdadeiro (não verdadeiro/falso) [...] bom/melhor (não mau/bom)" (QUEIRUGA, 2010, p. 346). No diálogo da verdade, "os muitos se tornam um e são aumentados por um" (WHITEHEAD, 1957, p. 26). Nenhuma religião é capaz de dizer tudo ou universalizar sua perspectiva de fé, pois fala sempre a partir de uma experiência situada, como o papa afirmou no Congresso Inter-religioso do Cazaquistão: "Frente ao mistério do infinito que nos sobrepuja e atrai, as religiões lembram-nos que somos criaturas: não somos onipotentes, mas mulheres e homens em caminho para a mesma meta celeste" (FRANCISCO, 13-15/09/2022). Assim, a verdade de uma religião não pode ser a *única* verdade do Mistério.

Desse modo é possível penetrar no contexto religioso plural com um diálogo que possibilite a expansão de cada fé conforme o seu próprio dinamismo, compreendendo seu valor em si mesma, "valor qualificável de 'absoluto' na medida em que nela está em jogo o destino definitivo de homens e mulheres" (QUEIRUGA, 2010, p. 348). A provisoriedade escatológica e a precariedade histórica do próprio cristianismo possibilitam compreender a transcendência do mistério divino manifestado na densidade própria de cada religião. Quando se trata de verdade de fé, sabemos que temos um "tesouro em vasos de barro" (2Cor 4,7), que exige humildade para reconhecer que a forma religiosa dada ao Mistério é extremamente frágil, o que abre para a possibilidade da cooperação inter-religiosa na sua compreensão e vivência. "A verdade é o resultado da prática comunicativa" (HABERMAS, 1979). Superamos nossos limites pela relação com os muitos outros (TRACY, 1987).

Assim, a consciência dos outros leva o cristianismo a uma autorrevisão e ao redimensionamento do universo semântico de suas categorias teológicas na expressão de sua verdade de fé. Não se deixa de afirmar a verdade cristã, mas ela é situada no contexto religioso plural, em diálogo com as diferentes formas pelas quais as verdades do Mistério são expressadas. Uma verdade não exclui outras verdades. No âmbito da cristologia, Paul Knitter diz que afirmar a verdade de Jesus não implica pretender que seja a "única" verdade. Há verdades também nas religiões, que levam a compreender a unicidade de Jesus de forma relacional (KNITTER, 2010, p. 106). E, então, mais do que afirmar que a verdade revelada em Jesus é "completa", "definitiva" e "insuperável", melhor seria dizer que essa revelação é "universal", "decisiva" e "indispensável" (KNITTER, 2010, p. 100-106). Conhecer essa verdade exige um esforço de autocrítica e comunitário, pois "para descobrir a nossa própria verdade devemos dialogar com a verdade de outros" (KNITTER, 2010, p. 53). Afinal, a verdade é dialógica, e para chegar a ela as religiões precisam caminhar juntas.

6.2 Critérios da verdade religiosa

O Papa Francisco não elabora uma reflexão acadêmica e especulativa para propor critérios de veracidade de uma religião. Não lhe cabe uma sistematização teórica que defina tais critérios. A sua compreensão das religiões se dá num horizonte prático e existencial, no qual intuímos que a verdade de uma religião consiste em possibilitar a vivência da fé que se expressa em relações de amor e caridade. Desse modo, o papa concebe a verdade sobre Deus, e do conjunto de seus ensinamentos deduzimos que para ele tal deve ser também a verdade de uma religião que busca expressar Deus no mundo atual. Para ele,

> a verdadeira religiosidade consiste em amar a Deus de todo o coração e ao próximo como a si mesmo. Por isso, a conduta religiosa precisa de ser continuamente purificada da tentação frequente de considerar os outros como inimigos e adversários. Cada credo é chamado a superar o desnível entre amigos e inimigos, assumindo a perspectiva do céu, que abraça os homens sem privilégios nem discriminações (FRANCISCO, 04/02/2019).

Desta afirmação tiramos algumas consequências para a compreensão das religiões, a partir das quais estabelecemos alguns critérios fundamentais para a sua veracidade. Tal se faz com o auxílio da teologia das religiões, esta sim elaborada de um modo mais técnico.

Uma primeira e fundamental consequência, e também critério sobre a verdade de uma religião, é que ela deixa o ser humano "constitutivamente aberto" (QUEIRUGA, p. 356) para Deus, o Transcendente, na experiência do amor vivido "sem privilégios nem discriminações". Deus é fonte do amor, e a religião que busca expressar Deus torna-se caminho do amor. Em seu pensamento prático, o papa mostra que a vivência da verdade de uma religião supera o egoísmo que fecha o ser humano em si mesmo, recupera a relação com os outros, antes transformados em "inimigos e adversários". Desse modo, a verdade de uma religião é medida pela capacidade de tirar a pessoa de um autocentramento para centrá-la na Realidade Última, "assumindo a perspectiva do céu", a abertura a Deus como amor, e partir daí possibilita uma "melhor e ilimitada qualidade da existência humana" (HICK, 1989, p. 325), superando todo egoísmo nas relações sociais e com a criação.

A segunda consequência e critério para a verdade religiosa é que não se trata de buscar um "núcleo comum", um "Deus comum" para todas as religiões, mas de verificar em que e como a religião possibilita uma realização maior possível do humano, como "'salvação' ou 'bem-estar'" (KNITTER, 2010, p. 39). O amor de Deus e a Deus conduz ao amor aos humanos "como o ponto de partida e o fundamento comum para os nossos esforços de compartilhar e compreender nossas experiências religiosas e noções do Ultimamente Importante" (KNITTER, 2010, p. 39). Trata-se de um compromisso ético como critério da verdade religiosa, que torna a pessoa crente "globalmente responsável" (KNITTER, 2010, p. 39, 56-57) pelo mundo em que vivemos. Ensina o Papa Francisco: "com efeito, a busca da transcendência e o valor sagrado da fraternidade podem inspirar e iluminar as opções a tomar no contexto das crises geopolíticas, sociais, econômicas, ecológicas" (FRANCISCO, 13-15-09/2022). Pois a verdade das religiões tem a ver com a promoção da justiça e da paz, a superação da pobreza, da fome e da violência; a fraternidade humana universal que supera todo etnocentrismo e desigualdade de gênero; o cuidado da criação. E as religiões "são chamadas a estar na vanguarda, a ser promotoras de unidade face às provas que arriscam a família humana a dividir-se ainda mais" (FRANCISCO, 13-15-09/2022). Esse é o critério prático da verdade religiosa, e nele se concretiza efetivamente o sentido do Mistério, a adoração e o louvor. Então é possível o reconhecimento da presença de Deus em toda realidade histórica, social, econômica, política e cósmica, como dom e oferta que salva e plenifica. Enfim,

> temos uma grande responsabilidade diante de Deus e dos homens, e devemos ser modelos exemplares daquilo que pregamos, não só nas nossas comunidades e em nossa casa – isto já não basta –, mas também no mundo unificado e globalizado (04/11/2022).

Uma terceira consequência e critério na busca e na afirmação da verdade religiosa é a firmeza no conteúdo das convicções com humildade em sua formulação. O papa convida a evitar todo relativismo e indiferentismo que a cultura atual possa ter frente às religiões. A toda pessoa de fé, sobretudo às lideranças das religiões, cabe reavivar suas raízes religiosas, como sinal de Algo/Alguém que guia este mundo: "cabe-nos uma tarefa única, imprescindível: ajudar a reencontrar estas fontes de vida esquecidas, trazer novamente a humanidade a beber nesta antiga sabedoria, aproximar os fiéis à adoração do Deus do céu e aos homens para os quais Ele fez a terra" (FRANCISCO, 04/11/2022).

Contudo, a abertura ao Mistério supera toda arrogância teológica e doutrinal, de modo que cada religião é chamada a abandonar a pretensão de ser uma única apreensão válida da verdade do amor de Deus para com a humanidade. Uma religião é uma interpretação particularizada e, portanto, limitada do Mistério. Não pode haver uma palavra religiosa final sobre o Universalmente Último. Então, uma religião pode aprender com a outra. O Papa Francisco ensina que na busca do sentido da vida "só crescemos com os outros e graças aos outros" (FRANCISCO, 13-15/09/2022). Isso inclui o sentido religioso e também novas possibilidades para todas as religiões, abrindo a mente e o coração para muitos outros nossos semelhantes e outros religiosos. Tal como o amor de Deus não tem fronteiras e pode se servir de diferentes meios para ser compreendido e vivido, não há uma fonte humana, religiosa ou cultural, pré-determinada da sua verdade, como critério imutável que pode ser aplicado em todas as situações. Isto está na base do diálogo como importante critério para a busca conjunta da verdade sobre a religião.

Assim, é possível dizer que há verdades nas diferentes religiões no sentido de que cada religião tem a sua verdade de um modo próprio. Não se trata de afirmar um universalismo ou um pluralismo indiferenciado, que não faz justiça às especificidades da verdade captada em cada sistema religioso. Trata-se, antes, de um "universalismo assimétrico" (QUEIRUGA, 2010, p. 360), no sentido de reconhecer que a verdade que se manifesta nas religiões as torna "em si mesmas caminhos reais de salvação", pois "expressam, por parte de Deus, sua presença universal e irrestrita, sem favoritismos nem discriminações" (QUEIRUGA, 2010, p. 360). A assimetria está no reconhecimento das diferenças reais entre elas, pois não são iguais em seu papel revelador da verdade salvífica. Então, "mesmo reconhecendo que todas são verdadeiras, nem todas têm igual acerto, pureza ou profundidade" (QUEIRUGA, 2010, p. 360).

Desse modo, urge admitir que se a pluralidade religiosa constitui, desde sempre, o mundo humano. Isso acontece não como mero fato antropológico, mas de outra ordem, entendida teologicamente como a verdade de Deus e do seu desígnio salvífico, expressado de forma plural na humanidade. E na medida em que as religiões possibilitam a realização desse desígnio, aí está o critério fundamental para o juízo da veracidade de suas narrativas, seus ritos e suas práticas. Afinal, as religiões "nos lembram que nós, seres humanos, não existimos tanto para satisfazer interesses terrenos e tecer relações apenas de natureza econômica, como sobretudo para caminhar juntos como viandantes com o olhar voltado para o céu" (FRANCISCO, 13-15/09/2022).

7

O ENCONTRO E O DIÁLOGO COMO CULTURA

7.1 O des-encontro das culturas nas sociedades atuais

Observamos em nosso tempo fatores que não favorecem o encontro enriquecedor das culturas. De um lado, tendências ideológicas e de poder sociopolítico buscam impor padrões de vida que pretendem se afirmar hegemonicamente. Negam-se as diferenças e impõe-se o uniformismo onde impera o integrismo, o exclusivismo e o absolutismo. De outro lado, tendências culturais e filosóficas afirmam a perspectiva do relativismo, que também fragiliza o valor da especificidade das culturas. Assim temos, de um lado, tentativas de assimilação cultural e, de outro, propostas de relativização. Nenhuma dessas posturas favorece a compreensão das diferenças identitárias das culturas das pessoas e dos povos, nem o encontro das culturas e a "cultura do encontro".

O documento da Congregação para a Educação Católica, *Educando para um Diálogo Intercultural nas Escolas Católicas – Vivendo em harmonia para uma civilização do amor*, publicado em 2013, propõe a superação das duas posturas acima, assimilação e relativização, tendo como ponto de partida a valorização da identidade cultural de cada pessoa e de cada povo. É a diversidade, devidamente assumida, que enriquece o encontro das culturas:

Deste ponto de vista, a diversidade deixa de ser encarada como um problema. Em vez disso, uma comunidade caracterizada pelo pluralismo é vista como um recurso, uma chance de abrir todo o sistema para todas as diferenças de origem, relações entre homens e mulheres, *status* social e história educacional (n. 27).

É possível, então, um mútuo reconhecimento como base e também fruto do diálogo intercultural. E isso exige superar toda tendência, tanto à uniformidade quanto ao relativismo (n. 29). Para tal é preciso entender o ser humano enraizado em sua cultura, na qual desenvolve estilos de vida, hábitos, visão de mundo, sentido da realidade. Não valorizar o específico de uma cultura é não reconhecer a dimensão antropológica que ela expressa. E mais, é ferir a dignidade da pessoa que se expressa nessa cultura, pois a "cultura indica todos esses meios pelos quais 'o homem desenvolve e aperfeiçoa suas muitas qualidades corporais e espirituais'" (n. 31). Os costumes que daí surgem formam o "patrimônio cultural de cada comunidade humana" (n. 32). E quando um povo se relaciona com outros, expressa a comunhão entre eles. Assim, o que é próprio de um povo não o separa de outro, mas apresenta-se como oferta para o enriquecimento mútuo. Então, "a diversidade cultural deve ser entendida dentro do horizonte mais amplo da unidade da raça humana" (n. 32). Isso porque em cada cultura existe uma abertura horizontal que possibilita encontro, diálogo, interação com outras.

Mas é preciso ir além da horizontalidade. Existe também uma abertura vertical em cada cultura, o que permite sua compreensão no horizonte teológico. Aqui vinculam-se fé e cultura. A fé cristã é essencialmente intercultural, aberta à universalidade pela busca de fraternidade e coexistência entre as diferenças. Isso se expressa, como considerado acima, na compreensão do Deus cristão, no qual há uma eterna unidade na diversidade das três pessoas. A relação entre as pessoas divinas é algo essencial em Deus. E também o ser humano, imagem e semelhança de Deus (Gn 1,26), é constituído *na* e *como* relação. Então, o modo de ser em Deus é modelo para as relações inter-humanas, tendo como base a pessoa de Jesus Cristo e seu Evangelho, que fundamenta as relações em princípios de amor, solidariedade e justiça. Assim, há uma interdependência entre os povos, e as relações interculturais contribuem para a fraternidade universal. Isso propõe um novo estilo de globalização, com a "inclusão de indivíduos e povos na única família humana, fundada na solidariedade e nos valores fundamentais da justiça e da paz" (n. 37). Não há verdadeiro desenvolvimento sem o "reconhecimento de que a raça humana é uma única família trabalhando em conjunto na verdadeira comunhão, não simplesmente um grupo de sujeitos que vivem lado a lado" (n. 38). Enfim, na base das relações interculturais estão as pessoas. São essas que se encontram, primeiramente, buscando superar toda estranheza que impede o mútuo reconhecimento como irmãos/ãs. No encontro entre pessoas é que acontece o encontro das culturas, de modo que a pessoa é o valor primeiro e fundamental a ser reconhecido no diálogo intercultural. É à pessoa humana é que o diálogo intercultural se apresenta como serviço.

7.2 Por uma "cultura do encontro"

a) As raízes

Para entendermos a proposta de Francisco de uma "cultura do encontro" é preciso entender a sua formação, onde se cruzam um conjunto de tradições como a jesuíta, a teologia e a filosofia europeias, a Escuela del Rio de la Plata, de católicos latino-americanos, teólogos, filósofos e outros intelectuais que desenvolveram a Teología del pueblo. Essa proposta está enraizada num horizonte teológico, espiritual e pastoral construído por intelectuais vinculados à Igreja Católica na Argentina e na América Latina. Entre outros, estão o filósofo uruguaio Alberto Methol Ferré (1929-2009), que influenciou também no pensamento teológico do Conselho Episcopal Latino-americano; e o pensador político Augusto Del Noce (1910-1989), com sua crítica ao humanismo ateu presente tanto em setores marxistas quanto no capitalismo e no liberalismo. Uma terceira raiz está na Escuela del Rio de la Plata, que desenvolveu uma eclesiologia geopolítica, com uma visão própria dos sistemas econômicos e políticos globais, como pensamento social e teológico alternativo ao comunismo, ao capitalismo e à globalização liberal. Trata-se de um pensamento holístico e inclusivo, num horizonte teológico, espiritual e pastoral que se articulou na Teología del pueblo.

Isso está na base da compreensão que Francisco tem do encontro entre Igreja e sociedade, encontro proposto como uma cultura. E em seu magistério, o pensamento teológico construído regionalmente se universaliza, a "cultura do encontro" é proposta para a Igreja universal e, mais do que isso, a toda a humanidade. Trata-se de uma forte crítica a um estilo sociocultural global que fragmenta as relações entre povos, culturas, credos, incentivando tanto a concorrência entre forças desiguais quanto o distanciamento e o isolamento em mundos fechados. É o que se observa nos critérios que regem o atual sistema financeiro e o mercado global, amparados por tendências de hegemonia que desvalorizam as características regionais, causando conflitos e guerras. Por isso, no mundo atual "há demasiados ódios e divisões, demasiada falta de diálogo e compreensão do outro; no mundo globalizado isto é ainda mais perigoso e escandaloso" (FRANCISCO, 15/09/2022). Assim, a "cultura do encontro" é uma "crítica [de certos tipos] de capitalismo e globalização, a cultura do capitalismo e a forma como eles foram implementados nas relações internacionais desde o fim da Guerra Fria e o colapso da União Soviética" (THOMAS, 2020, p. 67). Nesse sistema, o papa entende que "vivemos uma cultura do desencontro, uma cultura da fragmentação, uma cultura na qual o que não me serve jogo fora, a cultura do descarte" (18/05/2013). Frente a isso, a proposta de Francisco é uma espécie de contracultura.

b) A dinâmica

É importante entender as dinâmicas e as lógicas comunicacionais que colaboram com a construção da cultura do encontro. Na Jornada Mundial da Juventude no Rio de Janeiro (2013), Francisco afirmou: "O encontro e o acolhimento de todos, a solidariedade [...] e a fraternidade são elementos que tornam a nossa civilização verdadeiramente humana. Temos de ser servidores da comunhão e da cultura do encontro"[12]. Em sua primeira Mensagem para o Dia Mundial do Migrante e do Refugiado apresentou a cultura do encontro como "a única capaz de construir um mundo mais justo e fraterno, um mundo melhor". O que o papa entende por "encontro"? É mais do que cruzar-se pelo caminho, pois no simples cruzar alguém "olha, mas não vê; "ouve, mas não escuta" (FRANCISCO, 13/09/2016). E isso gera indiferença, não cria verdadeiros encontros. Para que haja encontro é preciso uma real experiência sensorial: olhar nos olhos, tocar com as mãos, sentir a pessoa que encontra. O trabalho dos sentidos exige e gera atitudes como parar, dar tempo, dirigir a voz e o olhar, estender a mão. Como consequência, essa forma de encontro possibilita efetiva relação, intercâmbio e conhecimento do outro, o que gera compaixão e compromisso. É a atitude do bom samaritano, ou a vivência dos critérios para entrar no Reino (Mt 25,31-46). O desafio para que isso se torne uma cultura é fazer com que essas atitudes não sejam vividas de modo apenas pontual, mas se tornem um estilo de vida. E "somente esta cultura, além disso, pode levar a uma justiça sustentável e à paz para todos, bem como a um autêntico cuidado por nossa Casa Comum" (FRANCISCO, 12/02/2021).

Isso mostra que uma condição fundamental para o encontro é a disponibilidade para sair de si, *kênonis*, generosidade e gratuidade. Essas virtudes ajudam a superar tendências ao egoísmo e à autorreferência, que sustentam a cultura da indiferença. O encontro exige reciprocidade, um dar e receber, pelo que acontece uma mútua fecundação: "cada encontro é fecundo. Cada encontro restitui as pessoas e as coisas ao seu lugar" (FRANCISCO, 13/09/2016).

Aqui está outro elemento importante da cultura do encontro: restituir à pessoa o seu lugar devido. O ato de encontrar-se leva ao conhecimento da realidade em que a outra pessoa vive. E ao vê-la distante do que seria uma condição justa para ela, de vida digna, assume-se com ela o compromisso de restituir-lhe a justiça e a dignidade que lhe são de direito. Então, à pessoa que tem fome, é preciso restituir o direito à alimentação; à que tem sede, o direito à água; à desabri-

---

12. Discurso em 27/07/2013. Esta foi uma das primeiras vezes que Francisco falou de uma "cultura do encontro".

gada, o direito à moradia; à desempregada, o direito ao trabalho; à enferma, o direito à saúde. O verdadeiro encontro com as pessoas não nos deixa indiferentes à sua condição. Por isso, a cultura do encontro supera a cultura da exclusão, do descartável e da globalização da indiferença (SOTO, 2016, p. 320-321). Isso implica que "as mentes e os corações devem estar em harmonia na busca do bem comum universal [...] e na busca do desenvolvimento integral de cada pessoa, sem exceções ou injustas discriminações" (FRANCISCO, 12/02/2021).

Compreende-se, assim, como o "encontro" é uma categoria-chave no magistério de Francisco. E não surge de especulações teóricas, mas da constatação de uma condição fundamental da natureza humana e uma necessidade da humanidade: "o desejo de encontrar os outros, de buscar pontos de contato, de construir pontes, de desenvolver projetos que incluam todos" (FRANCISCO, 12/02/2021). E isso é de fundamental importância para a fraternidade humana universal,

> porque é precisamente uma cultura do encontro que pode fornecer a base para um mundo mais unido e reconciliado. Somente esta cultura, além disso, pode levar a uma justiça sustentável e à paz para todos, bem como a um autêntico cuidado por nossa Casa Comum (FRANCISCO, 12/02/2021).

7.3 Por uma "cultura do diálogo"

O encontro gera diálogo, e vice-versa. E o Papa Francisco é um dos principais promotores do diálogo como cultura nos tempos atuais (FT 199-202), ou "cultura do diálogo". Todo verdadeiro encontro se sustenta em diálogo verdadeiro. "Diálogo" não é um tema novo e tem sido tratado em diferentes perspectivas: na Filosofia, na Antropologia, na Sociologia, na Psicologia, na Teologia, entre outras ciências. Martin Heidegger, Martin Buber, Emmanuel Lévinas, Enrique Dussel, entre outros, são expoentes desse tema. Para Buber, a prática do diálogo dá visibilidade à relação constitutiva do ser. Ao afirmar o "princípio dialógico" na relação *eu-tu*, Buber mostra que, no meio humano, "no princípio, é a relação" (BUBER, 1993, p. 72). Wittgenstein, Saussure e J. Habermas (cf. HABERMAS, 1986) desenvolvem a filosofia da linguagem e da ação comunicativa; John Powell (1987) mostra a dimensão psicológica do diálogo.

O Papa Francisco respira esse clima teórico sobre o diálogo desde sua formação, recebendo contribuições desses pensadores e outros que o ajudam a compreender a importância do diálogo, da relação, da interação entre as diferenças (CERTAU, 1969; 1993; 2005). A teoria do diálogo é contextualizada por Francisco na Igreja e na sociedade do nosso tempo, entendendo que os diversos contextos exigem um diálogo que tenha claro "o dever da identidade, a coragem da alteridade e a sinceridade das intenções" (FRANCISCO, 2017). O capítulo IV da Encíclica *Evangelii Gaudium* desenvolve amplamente esse tema, propondo: O diálogo entre a fé, a razão e as ciências (n. 242-243); o diálogo ecumênico (n. 244-246); as relações com o judaísmo (n. 247-249); o diálogo inter-religioso (n. 250-254); o diálogo social num contexto de liberdade religiosa (n. 255-258). Também na Encíclica *Fratelli Tutti* o papa afirma "a cultura do diálogo como caminho" (FT 285). E na *Laudato Si'* faz "um convite urgente a renovar o diálogo sobre a maneira como estamos construindo o futuro do planeta" (LS 11). O seu objetivo é "projetar uma cultura que privilegie o diálogo como forma de encontro" (EG 239), favorecendo consensos em vista de um mundo para todos, na convivência pacífica entre povos, culturas, saberes e expressões de fé. Essa é uma fundamental contribuição de Francisco para o mundo plural atual, na convicção de que o diálogo possibilita uma "cultura do encontro numa harmonia pluriforme" (EG 220), na qual as diferenças confluem para o bem comum. E nisso,

> não só os crentes, mas todos aqueles que são motivados pelo bem, sabem como é necessário o diálogo em todas as suas formas. Dialogar não serve apenas para prevenir e resolver conflitos, mas para fazer emergir os valores e as virtudes que Deus inscreveu no coração de cada homem e evidenciou na ordem da criação. Procurar e explorar todas as oportunidades de diálogo não é apenas uma forma de viver ou coexistir, mas sim um critério educativo (FRANCISCO, 31/10/2019).

O diálogo se faz como dom, na relação de comunhão, e como tal tem um caráter espontâneo. Mas ele é também uma responsabilidade, e para isso requer educação. Essa educação é um elemento-chave para o intercâmbio enriquecedor entre as diferenças. Por isso, o diálogo é um aprendizado que se adquire com o exercício cotidiano. Implica saber falar e saber ouvir; dizer com sinceridade o que pensa e respeitar a opinião alheia, mesmo quando não concorda com ela. A capacidade de ouvir a outra pessoa em sua verdade mais profunda, em sua dor e em sua alegria interior; de falar expressando o que há de mais verdadeiro em si mesmo; e de silenciar todas as vezes que a situação exigir, sabendo não apreender todo o mistério que pode se expressar na fala do outro que está à nossa frente, é o que dignifica a relação interpessoal. Não se trata apenas de comunicar, ouvir ou silenciar diante de ideias, mas de uma *vivência* do mistério que o encontro interpessoal e a relação dialógica explicitam. Essa vivência exige atenção máxima e sensibilidade para perceber o valor do que aí se revela, ouvir a essência do outro, e nesta essência também discernir algo do divino. O diálogo vivido nesse nível supera a "surdez insolidária" (BENNÀSSAR, 2002, p. 176), dele surgem convivência e fraternidade, enraizadas numa consciência obediente e reverente ao que se revela na relação dialógica entre as pessoas. No diálogo, "consciência, portanto, é uma obediência atenta e responsável, sábia e amorosa, em liberdade" (BENNÀSSAR, 2002, p. 176). Não ter consciência disso é desobediência e falta de fraternidade, um pecado contra o outro e contra si mesmo.

7.4 A educação para o encontro e o diálogo

Por isso, o diálogo responsável requer um processo educacional que oriente as relações entre pessoas, culturas, tradições de fé, tanto de um modo prático quanto teórico. O Papa Francisco tem ciência disso não apenas para o diálogo entre as pessoas, mas também entre as Igrejas:

> O diálogo é um critério educativo. Nesta linha encontra justa colocação o percurso de estudos em teologia inter-confessional [...]. Quanto precisamos de homens de fé que eduquem para o verdadeiro diálogo, utilizando todas as possibilidades e ocasiões! (FRANCISCO, 31/10/2019).

Então,

> diálogo e colaboração são palavras-chave num tempo como o nosso no qual, devido a uma inédita complexidade de fatores, viu crescer tensões e conflitos, com uma violência difundida, quer em pequena, quer em grande escala (FRANCISCO, 16/05/2018).

As lideranças religiosas têm uma particular responsabilidade no compromisso de educar para o diálogo e a convivência:

> é motivo de agradecimento a Deus quando os chefes religiosos se comprometem a cultivar a cultura do encontro e dão exemplo de diálogo, colaborando efetivamente no serviço da vida, da dignidade humana e da tutela da criação (FRANCISCO, 16/05/2018).

E isso depende do modo como elas orientam o comportamento de suas comunidades. Essa orientação deveria contribuir para formar atitudes de respeito, acolhida e interação com os outros, de modo a ajudar as pessoas que creem a

> serem capazes de olhar-se para dentro em profundidade, conhecendo-se de tal modo a si mesmas que sintam a sua interconexão com todas as pessoas; dar-se conta de que não podemos permanecer isolados uns dos outros (FRANCISCO, 29/11/2017).

Outra vez temos aqui a sintonia do ensino de Francisco com estudos sobre o diálogo enquanto elemento fundamental da vida humana, da sociedade e da Igreja. Vemos isso em F. Imoda, para quem o ser humano é um "espaço relacional", tem um caráter e uma estrutura relacional. Na vida há sempre uma tensão para a relação. E é na medida e na forma em que vivemos essa tensão, desenvolvendo o princípio relacional no qual somos constituídos, que nos formamos como pessoa:

"O sujeito torna-se sujeito no decorrer da relação" (IMODA, 1996, p. 294). Então, ser pessoa, sujeito, é uma tarefa de *individuação* e de *relação* (IMODA, 1996, p. 295). Alcança-se real e madura individuação num contexto de real e madura relação. Tornar-se pessoa significa tornar-se um indivíduo único, irrepetível, inserido em um mundo de relações, onde se comunica e participa do mundo dos outros.

Assegura-se assim uma base antropológica da cultura do encontro e do diálogo, sendo que este se torna caminho imprescindível para sustentar a vida humana e a do planeta. Também é caminho para a convivência harmoniosa e enriquecedora entre as religiões, expressando o que há de mais precioso em cada sistema de crença e fé. O "precioso" é a vida em conexão com Deus, e como se expressa no mundo. Nisso se enraízam os esforços por justiça, paz e dignidade na convivência entre pessoas e povos. Sem justiça não há paz; onde não há paz a vida é ameaçada; e com essa violência fere-se o projeto divino para cada ser. Por isso, fora do diálogo não há salvação. O mundo está ansioso pelo testemunho e postura dialogal das religiões: "quando falamos a uma só voz afirmando o valor perene da justiça, da paz e da dignidade fundamental de todo o ser humano, oferecemos uma palavra de esperança" (FRANCISCO, 29/11/2017). De fato, sem esses valores, a vida da Casa Comum é ameaçada, de modo que urge o diálogo que assegure seu futuro: "Precisamente no campo do diálogo, sobretudo inter-religioso, sempre somos chamados a caminhar juntos, na convicção de que o futuro de todos depende também do encontro entre as religiões e as culturas" (FRANCISCO, 2017).

8

DOIS PROJETOS ECUMÊNICOS, INTER-RELIGIOSOS E INTERCULTURAIS URGENTES

8.1 O cuidado da Casa Comum

O grito dos pobres que a Igreja em saída ouve leva-a a ouvir concomitantemente os gritos da Terra que emanam das questões ambientais, como a poluição do ar, da água e do solo, o aumento do aquecimento global, a escassez dos recursos hídricos, a perda de biodiversidades, entre outros. A Igreja ouve os "gemidos da irmã Terra, que se unem aos gemidos dos abandonados do mundo, com um lamento que reclama de nós outro rumo" (LS 53). Nesse contexto urge intensificar uma postura profética da fé cristã, denunciando tudo o que ameaça a vida da Casa Comum. O Papa Francisco faz essa denúncia apontando as consequências da "globalização do paradigma tecnocrático" que se propõe como "homogêneo e unidimensional", que se apropria de modo exploratório de tudo o que manipula (LS 106). E assim a tecnociência propõe um crescimento ilimitado para a economia, condicionando a vida da sociedade ao seu modelo econômico e político que depreda a natureza e causa danos irreparáveis para o meio ambiente. O papa denuncia nisso a expressão de um "excesso antropocêntrico" que busca "promover uma concepção errada da relação do ser humano com o mundo" (LS 116). Isso tudo indica o não reconhecimento da "mensagem que a natureza traz inscrita nas suas próprias estruturas" (LS 117), não entendendo que "tudo está interligado" (LS 117) e, por isso, o ser humano rompe com os laços que o vinculam com a criação e se entende possuidor e dominador de seus recursos.

A superação das consequências negativas disso tudo exige uma adequada vinculação entre ecologia e antropologia, pois "não haverá uma nova relação com a natureza sem um ser humano novo" (LS 1180). Não se trata, diz o papa, de tentar superar um "antropocentrismo desordenado" por um "biocentrismo", pois isso seria "introduzir um novo desequilíbrio", uma vez que "não se pode exigir do ser humano um compromisso para com o mundo se, ao mesmo tempo, não se reconhecem e valorizam as suas peculiares capacidades de conhecimento, vontade e responsabilidade" (LS 119). O enfrentamento desses desafios socioambientais exige reconhecer que a crise ecológica é "manifestação externa de uma crise ética, cultural e espiritual da Modernidade" (LS 119), e sua superação exige "curar todas as relações humanas fundamentais" (LS 119). O caminho é uma "ecologia integral", que além do ambiental, envolve uma nova cultura, novas formas de viver no cotidiano, a afirmação do bem comum e da justiça intergeracional (LS, cap. IV).

Tal tarefa não é apenas de indivíduos, organizações da sociedade civil e comunidades religiosas. Precisa ser assumida como política nacional e internacional por organismos e instâncias de poder em que se decidem os destinos das sociedades. Aí é preciso usar todos os meios legais disponíveis para promover a defesa e o cuidado do Planeta Terra, promovendo modelos econômicos alternativos e sustentáveis, como na agricultura, no uso de energias renováveis, na gestão dos recursos hídricos, na tecnologia baseada em combustíveis fósseis, na redução dos resíduos industriais poluentes, entre outras iniciativas que podem dirimir os prejuízos já causados à natureza. As questões ambientais precisam estar presentes na agenda pública, comprometendo os governos com acordos nacionais e internacionais consequentes. Claro, isso não retira da sociedade o direito de se organizar e lutar para que os governos analisem bem os impactos ambientais dos empreendimentos e projetos com diálogo e transparência: "A sociedade, através de organismos não governamentais e associações intermédias, deve forçar os governos a desenvolver normativas, procedimentos e controles mais rigorosos" (LS 179).

Com a proposta da *Laudato Si'* a Igreja em saída assume definitivamente o cuidado da criação, a Casa Comum, em sua missão. Também convoca todos os povos, com suas culturas e suas tradições de fé, para uma "ecologia integral", sabendo que "tudo está interligado". No âmbito interno da Igreja faz-se necessário uma ecoteologia que redimensione a atual teologia da criação, respondendo às questões ambientais que interpelam a Igreja e a fé cristã por compromissos religiosos que sejam simultaneamente socioculturais, econômicos e políticos. Somente assim pessoas de fé podem contribuir para diminuir ou mesmo eliminar de vez toda ação depredatória da natureza. Para essas pessoas em particular, a justiça para com Deus se expressa na justiça socioambiental, que cuida da sua obra. Pois as atuais ameaças à vida do planeta e das criaturas que nele existem são, simultaneamente, ameaças à vida do ser humano e compromete os desígnios divinos para com a criação.

8.2 O Pacto Educativo Global

Nessa direção situa-se a proposta do Pacto Educativo Global, proposto pelo Papa Francisco em 2019, em clara sintonia com a Agenda 2030 para o Desenvolvimento Sustentável, com os 17 Objetivos de Desenvolvimento Sustentável (ODS) e as 169 metas complementares, atingindo três pilares: econômico, social e ambiental. O Pacto mostra que urgem mudanças nas relações entre as pessoas, os povos, as culturas, os credos e com toda a criação. As relações precisam se pautar nos princípios éticos e da justiça, que requerem o "amor político" (FT 180-182) como forma de ação transformadora de todo tipo de injustiça. Mas para que isso isso ocorra se faz necessário um processo educativo que reeduque o ser humano no horizonte do diálogo e do encontro, da fraternidade universal e solidária; sobretudo para com as pessoas mais vulneráveis, como pobres, migrantes e refugiados. Urge promover a dignidade de toda pessoa, possibilitando-lhe um desenvolvimento integral em todas as suas dimensões, favorecido por redes de convivência, intercâmbios e globalização da justiça.

O Pacto também requer uma nova religiosidade e uma nova espiritualidade que sustentem um humanismo solidário, na direção do bem-viver e bem-conviver. Para isso contribui o ensino das Bem-Aventuranças (Mt 5,1-12), bases das necessárias mudanças de mentalidade e das relações sociais. Essa nova religiosidade/espiritualidade tem expressões de santidade encarnada nos contextos socioculturais, com novos critérios como a suportação, a paciência e a mansidão (GE 112-121), a alegria e o sentido de humor (GE 122-128), a parresia e a profecia vividas como ousadia e ardor no testemunho da própria fé (GE 129-146). Isso sustenta "um amor universal que promove as pessoas" (FT 106-111), a participação de todos nos bens da civilização e dos recursos da natureza, a reorganização da vida econômica, social, política e cultural (GS 9), na qual todas as pessoas são capazes de "pensar e gerar um mundo aberto" (FT, cap. III).

A razão fundamental da presença e da ação da Igreja no mundo, assumindo as causas da humanidade e da criação, é o entendimento de que o Reino acontece dentro da história humana como história de salvação: "O mundo e a história dos homens, na qual Deus quer realizar a salvação, são a base de toda realidade salvífica; é aí que primordialmente se realiza a salvação" (SCHILLEBEECKX, 1992, p. 9-31). Portanto, *extra mundum nulla salus*. E, no mundo, Cristo é "Sacramento do encontro com Deus" (SCHILLEBEECKX, 1968). É nessa certeza que a Igreja em saída luta para extirpar os sinais de antirreino no mundo (EG 180-181), como discípula fiel de Jesus, que tinha na proposta do Reino o centro da sua vida e da sua mensagem (Mt 4,23; 5,3-12; 6,33; Lc 1,15; 11,20; 12,31). Dessa forma, a Igreja é sinal, sacramento e instrumento do Reino (LG 1, 5, 48). Mas para tanto, precisa fazer com que o Reino seja uma realidade em si mesma, "já" mistericamente presente, como início, de forma germinal (LG 5). O Reino cresce e se visibiliza no mundo na medida em que a Igreja, em suas estruturas e relações internas, vai consolidando a práxis da solidariedade que expressa o amor que é e vem de Deus (1Jo 4,16). Então o Reino é o núcleo em torno do qual gravitam o ensinamento e a atividade da Igreja em saída, tal como foi para Jesus. O Reino é de Deus, mas para acontecer na história humana é preciso que esta seja transformada segundo os critérios evangélicos. E nisso está a razão da Igreja em saída e da sua missão.

CONCLUSÃO DA PARTE II

A Igreja em saída e o diálogo inter-religioso avançam no caminho conciliar, "primeireando" nas iniciativas que promovem a fraternidade universal (*Fratelli Tutti*), o cuidado da criação (*Laudato Si'*), envolvendo pessoas e povos num Pacto Educativo que possibilite a afirmação da vida como testemunho do Transcendente, que dá significado ao caminhar da história (EG 250; LS 156-162; FT 280). A finalidade do diálogo é a busca da verdade (DH 3; EG 250), que tem como resultado a construção de "uma comunidade de pessoas" (GS 23), dissipando as "sombras de um mundo fechado" (FT, cap. I), ajudando a humanidade a tomar consciência que "possui ainda a capacidade de colaborar na construção da nossa Casa Comum" (LS 13). Palavras como "compaixão", "convivência" e "cuidado" sintetizam essa proposta no horizonte de uma ecologia integral, humana, social e espiritual, "visando o cuidado da natureza, a defesa dos pobres, a construção de uma trama de respeito e de fraternidade" (LS 201). Urge reconstruir no mundo

> o verdadeiro caminho da paz [...] [a qual] é possível só a partir de uma ética global de solidariedade e cooperação ao serviço de um futuro modelado pela interdependência e a corresponsabilidade na família humana inteira (FT 127).

Essa postura tem fundamentação teológica na fé, repensada em suas narrativas de modo a justificar uma presença pública da Igreja em saída. O Papa Francisco entende que para assegurar o diálogo e a cooperação entre religiões

> será preciso fazer apelo aos crentes para que sejam coerentes com a sua própria fé e não a contradigam com as suas ações; será necessário insistir para que se abram novamente à graça de Deus e se nutram profundamente das próprias convicções sobre o amor, a justiça e a paz (LS 200).

Fica claro que isso só é possível numa perspectiva teológica inclusiva e plural – não obstante as tensões entre essas perspectivas –, de modo que o diálogo e a cooperação ecumênicas se sintam amparados por novas hermenêuticas da fé cristã, que redimensionam afirmações teológicas e doutrinais com base nas novas pesquisas da ciência que influenciam na reconstrução da *episteme* da fé, dando-lhe mais plausibilidade de sintonia com o ensino conciliar sobre as diferentes religiões. Mas isso não é uma necessidade apenas da teologia cristã, e sim de todas as religiões. Continua dizendo o Papa Francisco:

> Se às vezes uma má compreensão dos nossos princípios nos levou a justificar o abuso da natureza, ou o domínio despótico do ser humano sobre a criação, ou as guerras, a injustiça e a violência, nós, crentes, podemos reconhecer que então fomos infiéis ao tesouro de sabedoria que devíamos guardar. Muitas vezes os limites culturais de distintas épocas condicionaram essa consciência do próprio patrimônio ético e espiritual, mas é precisamente o regresso às respectivas fontes que permite às religiões responderem melhor às necessidades atuais (LS 200).

Entende-se assim a necessidade de um repensamento teológico do universo semântico de categorias como "revelação", "inspiração", "mediação salvífica", "plenitude da salvação", "Sagradas Escrituras", entre outras, visando superar toda tendência exclusivista ainda fortemente presente na estrutura mental em que são compreendidas. O esforço da teologia das religiões, com seus diferentes matizes, possibilita à Igreja em saída desenvolver uma postura inclusiva e plural, reconhecendo simultaneamente a contribuição das religiões nas causas maiores da humanidade e assumindo o diálogo como paradigma do pensar teológico. É nesse método dialogal que a teologia e a doutrina da Igreja reconhecem convictamente que os "não cristãos podem viver na justiça divina e associados ao mistério pascal pela graça que neles atua" (EG 254). É clara a sintonia desse ensino de Francisco com o que o Vaticano II afirmou em GS 22: "o Espírito Santo dá a todos a possibilidade de se associarem a este mistério pascal por modos que só Deus conhece".

Eis por que a Igreja em saída é companheira das diferentes religiões na busca da verdade, integrando organizações que promovem o diálogo, a cooperação e a paz no mundo, defendendo a criação e denunciando toda afirmação religiosa que se contraponha a iniciativas como essas. Enfim, o que se quer afirmar "é a união dos povos que, na ordem universal, conservam a sua própria peculiaridade; é a totalidade das pessoas numa sociedade que procura um bem comum que verdadeiramente incorpore todos" (EG 236).

Portanto, o termo *ecumenismo* diz respeito a algo que é constitutivo da natureza da Igreja, como comunhão na fé a ser buscada entre os cristãos, numa relação identitária entre ecumenismo e Igreja, como ensinou o Papa João Paulo II: "querer a unidade significa querer a Igreja" (UUS 9). Mas o esforço ecumênico integra também as diferentes formas de pertencer à *oikoumene,* como as culturas e as religiões. Assim, é na mesma medida em que a Igreja aprofunda e desenvolve sua própria identidade que ela favorece a *ecumene* em dois horizontes: como busca de consensos na fé entre as diferentes Igrejas; a construção da fraternidade universal entre os povos, com suas culturas e seus credos. Então, a perspectiva cristã do ecumenismo faz-se como serviço para a unidade da família humana. E isso é missão da Igreja em saída, "para que o mundo creia" (Jo 17,21). A meta de unir as pessoas cristãs em "um só Senhor, uma só fé, um só batismo" (Ef 4,5) é um instrumento para que todos os povos sejam *Fratelli Tutti.*

CONCLUSÃO GERAL

Desde os primeiros momentos do seu pontificado o Papa Francisco deixou claro que o seu projeto de governo eclesial se daria no horizonte do Vaticano II, propondo uma retomada do Concílio de modo dinâmico e criativo. Trata-se de entrar no espírito do Concílio, deixar se absorver por ele e permitir que esse espírito penetre na Igreja, realizando as mudanças necessárias para que ela seja mais conforme ao Evangelho e às necessidades dos tempos atuais. E nessa direção situa-se a proposta da Igreja em saída para o diálogo com a sociedade, as culturas, as diferentes Igrejas e as religiões. O diálogo torna-se, assim, uma das características centrais desse modo de ser Igreja; ela faz-se diálogo e promove o diálogo no contexto sociocultural e religioso plural do nosso tempo.

Esse modo de ser Igreja requer uma saída da Igreja de si mesma por um conjunto de reformas no âmbito estrutural, teológico/doutrinal e pastoral, envolvendo-a como um todo, em suas diferentes instâncias e sujeitos. Tal processo se dá pelo exercício do diálogo *ad intra* e *ad extra,* discernindo juntos, sinodalmente, o modo de ser Igreja em saída, apontando para uma nova organização da *koinonia* entendida como unidade na diversidade e intercâmbio de dons.

É nesse contexto que se situa o diálogo ecumênico, inter-religioso e intercultural na Igreja em saída, que progride na mesma proporção dos progressos na conversão ou mudança interna. Igreja em saída e diálogo se afirmam pelas reformas estruturais e institucionais necessárias para uma conversão pastoral, no abandono da autorreferencialidade, da centralização do poder, de toda pretensão de monopólio da verdade. Então veremos afirmar-se na Igreja em saída o diálogo *ad intra* pela praxe da subsidiariedade, colegialidade e sinodalidade, e *ad extra* pelo ecumenismo, inter-religiosidade e interculturalidade. E isso se sustenta por um firme redimensionamento teológico-doutrinal que revê categorias e linguagens de modo a fortalecer as convergências e os consensos ecumênicos no conteúdo do Evangelho, com as diferentes Igrejas; e também na promoção da vida na justiça e na paz com as religiões e as culturas. Tal é a razão do ser e do agir da Igreja em saída.

É nessa dinâmica que a Igreja Católica vive o encontro, o diálogo e a cooperação com as outras Igrejas, religiões e culturas. Ela assume a coragem da alteridade e desenvolve o diálogo num sentido amplo e plural. Nada e ninguém está excluído da mesa do diálogo. As questões sociais como a pobreza, a fome, as migrações, a violência; as questões ambientais e ecológicas como o aquecimento global, a poluição das águas, a perda dos ecossistemas e da biodiversidade; as questões culturais, a ciência, as artes; enfim, tudo o que move a vida dos povos constitui a pauta do diálogo que a Igreja estabelece com o nosso tempo. Num sentido prático, a Igreja do diálogo assume dois principais desafios: o cuidado da Casa Comum e o desenvolvimento de um Pacto Educativo Global.

É importante observar como o Papa Francisco primeireia nas atividades ecumênicas, inter-religiosas e interculturais. Ele tem realizado gestos profundamente convincentes de sua convicção ecumênica: na celebração da missa de posse contou com a presença do Patriarca Bartolomeu I, de Constantinopla. Também é o primeiro pontífice romano a se encontrar com o patriarca ortodoxo de Moscou, Cirilo I, em Havana (12/06/2016). Esses eventos não aconteciam desde o cisma de 1054. Em 2017, colocou o protestante Marcelo Figueroa como diretor da edição argentina do jornal oficial da Santa Sé. É o primeiro papa a visitar uma comunidade pentecostal – Igreja Evangélica da Reconciliação, no sul da Itália (28/07/2014). No âmbito inter-religioso, os gestos do Papa Francisco também são eloquentes. A título de exemplo, citamos apenas sua visita aos Emirados Árabes em 2019 e a declaração comum assinada com o Grão Imame de Al-Azhar, o egípcio Ahmed Al-Tayyeb, sobre a paz no mundo.

É preciso perguntar se as Igrejas locais, paróquias e comunidades católicas estão realizando os processos necessários para serem, de fato, "Igreja em saída", assumindo o diálogo como uma característica essencial, ou se o papa está sozinho nesse caminho. Constata-se que posturas conservadoras no catolicismo resistem às reformas que Francisco propõe e, consequentemente, ao diálogo sobretudo ecumênico e inter-religioso. Então faz-se necessário perseverar nos esforços que o papa faz para: re-recepção do Vaticano II; situar a Igreja no mundo atual como companheira e colaboradora das causas justas que a humanidade enfrenta; reconhecer o valor da pluralidade religiosa, no interior do cristianismo e além dele; propor caminhos de evangelização em diálogo com as culturas. Nesses esforços é que a Igreja em saída progride no diálogo ecumênico, inter-religioso e intercultural.

Não obstante termos verificado sinais concretos de realização das propostas do Papa Francisco para uma Igreja em saída, emerge a questão se acontecerão, de fato, as mudanças propostas por ele e sobre quais serão as suas implicações para o diálogo ecumênico, religioso e intercultural. A consciência das tensões que o Papa Francisco enfrenta não permite ufanismo, idealismo ou ingenuidade. São conhecidas as resistências de muitos "para aceitarem a custosa evolução dos processos" (EG 82). Pode acontecer que, estruturalmente, nada mude na Igreja Católica durante esse pontificado? Por ora, vive-se como que num sonho de reconfiguração da Igreja em todas as suas instâncias. E sonho ainda de poucos. Contudo, o papa se manifesta convicto em suas propostas, e elas são para toda a Igreja. A chave para a sua recepção está na *conversão*, que implica uma opção não apenas por querer ser uma Igreja diferente, mas que faça a diferença no presente momento da história. Então, a proposta de uma Igreja em saída torna-se uma utopia profética. No horizonte da fé a utopia tem um forte senso de realismo. O ponto de partida é assumir a consciência que a Igreja tem necessidade de *sair*, provocando rupturas com toda tendência ao enclausuramento e à autorreferencialidade.

Isso requer um redimensionamento epistêmico que abre o saber da fé ao diálogo com outros saberes, possibilita à própria experiência religiosa uma fecunda interação com outras experiências, coloca os próprios valores e as próprias convicções de fé num caminho de aprofundamento e discernimento que acontece colhendo a riqueza que pode se expressar também em outros valores e convicções. Assim, o atual contexto plural de Igrejas, religiões e culturas não é visto como problema, mas como possibilidades. A Igreja em saída integra-se nesse contexto como algo próprio; ela mesma constitui a realidade plural de fé no mundo em que atua. E no magistério de Francisco essa pluralidade expressa dons e carismas do Espírito que contribuem para a afirmação do valor das diferentes formas de crer em Deus, como Realidade e Sentido da história humana.

As Igrejas são, então, convocadas a um diálogo sobre como afirmar a fé cristã e como dar um testemunho comum do Evangelho no mundo atual. E as religiões são convidadas a testemunharem juntas o valor da vida humana e de toda a criação, promovendo-a e defendendo-a das muitas ameaças que sofre. Igrejas e religiões precisam exercitar um diálogo sincero, amplo e profundo sobre Deus e o mundo, de modo a estabelecerem consensos teológicos – entre as Igrejas – e serem capazes de opções comuns em favor da dignidade da vida, da justiça e da paz no mundo. Para isso é que o Papa Francisco coloca a Igreja Católica em saída no caminho do diálogo e da cooperação ecumênica, inter-religiosa e intercultural. E assim fazendo, de algum modo o papa propõe que todas as Igrejas e todas as religiões se coloquem numa dinâmica de saída, como mudança/conversão, por um corajoso e profético redimensionamento da própria fé, da própria organização estrutural e dos projetos de ação, de modo que as diferentes formas de crer possam favorecer a realização da *oikoumene* na qual se realiza a vontade de Deus para toda a humanidade: que todos tenham vida, e a tenham em abundância (Jo 10,10). Tal é a razão, o conteúdo e a meta de toda ecumenicidade e dialogicidade da Igreja em saída.

POSFÁCIO

Ao ler a obra de Elias Wolff, *Caminhos de diálogo para uma Igreja em saída*, não pude deixar de ver nela um ato de recepção do Vaticano II. Este livro faz eco ao Concílio pelo simples fato de se estruturar em torno de três caminhos: ecumênico, inter-religioso e intercultural; e um conceito: o diálogo. Isso basta para vinculá-lo ao Concílio Vaticano II, o primeiro concílio na história da Igreja Católica que apresenta a doutrina da Igreja Católica sobre matéria ecumênica (*Unitatis Redintegratio*) e que abre um caminho ecumênico à Igreja Católica; um caminho que ela tem perseguido desde então. Este concílio também foi o primeiro a abordar a questão das relações da Igreja com as outras religiões (*Nostra Aetate*). Finalmente, depois de ter introduzido timidamente a palavra na constituição sobre a liturgia, o Vaticano II foi o primeiro concílio a dedicar uma exposição *ex-professo* à cultura (*Gaudium et Spes*, cap. 2, II parte)[13], retomando depois a questão em vários outros documentos, em particular no decreto sobre a atividade missionária da Igreja. O Vaticano II foi o primeiro concílio a dar verdadeira atenção à cultura[14], costumes ou tradições próprias de um território, região ou povo[15]. A atenção dos Padres Conciliares ao nosso tempo ou ao tempo presente e suas condições é constante[16].

---

13. Falamos antes da adaptação da Igreja às exigências do seu tempo ou aos costumes e mentalidade dos diversos lugares.

14. O termo *cultura* tem 91 ocorrências no *corpus* conciliar (contra 10 nos 20 concílios anteriores) e o adjetivo *culturalis,* 34.

15. Somente na constituição sobre a liturgia há 10 referências aos territórios (SC 22, 36, 39, 40, 44, 63, 77, 119, 120, 128), 11 para regiões (SC 23, 25, 36, 38, 63, 77, 110, 119, 123, 127) e 5 para povos diferentes (SC 37, 38, 77, 119, 123).

16. Encontramos as expressões *sui temporis quaestiones* (PO 4), *praesertim temporis* (PO 8), *hodiernis temporibus* (PO 13), *mundo huius temporis* (PO 16), *nostris temporibus* (PO 19), *mundo huius temporis* (PO 22).

A originalidade desse Concílio reside, em grande parte, na preocupação com os outros, como sublinhou Paulo VI em seu discurso de encerramento:

> Ao examinar o significado religioso do nosso Concílio, não podemos deixar de notar uma observação capital: ele se interessou muito pelo estudo do mundo moderno. Nunca, talvez como nesta ocasião, a Igreja sentiu a necessidade de conhecer, aproximar-se, compreender, penetrar, servir, evangelizar a sociedade que a rodeia, apreendê-la e, por assim dizer, de acompanhá-la em suas rápidas e contínuas transformações.

Não é de estranhar que tenhamos falado de um concílio ex-centrado; ou seja, que não põe a Igreja no centro – ou melhor, que não faz da Igreja o centro –, mas já apresenta uma Igreja em saída: para o mundo (*Gaudium et Spes*), para os cristãos não católicos (*Unitatis Redintegratio*), para os não cristãos (*Nostra Aetate*) – movimento que supõe a Declaração *Dignitatis Humanae* sobre a liberdade religiosa – e para os espaços missionários (*Ad Gentes*). Este concílio abriu, com um ato singular, um gesto inusitado, como diria Paulo VI: uma mensagem fraterna à humanidade:

> Vós mesmos, veneráveis Irmãos, experimentastes esta maravilha. Com efeito, no limiar dos trabalhos da primeira sessão, inflamados pelas palavras do Papa João XXIII no seu discurso de abertura, sentis desde logo a necessidade de abrir de algum modo as portas da assembleia para lançar uma vibrante mensagem de saudação, fraternidade e esperança. Gesto incomum, mas admirável. Parece que o carisma profético da Igreja explodiu de repente! E como Pedro, que no Dia de Pentecostes se sentiu impelido a levantar imediatamente a voz e a falar ao povo, quisestes antes de mais nada, preocupar-vos não com os vossos assuntos, mas com os da família humana, e dialogar não entre vós, mas com os homens.
>
> Isto significa, veneráveis Irmãos, que este Concílio se caracteriza pelo amor, um amor muito amplo e urgente, um amor que pensa nos outros antes de pensar em si mesmo, o amor universal de Cristo.

> É esse amor que nos sustenta, pois, olhando a vida dos homens como ela é hoje, teríamos motivos para ficarmos mais apavorados do que encorajados, mais aflitos do que alegres, inclinados a uma atitude de defesa e reprovação dos erros, em vez de confiança e amizade (PAULO VI, 29/09/1963).

Paulo VI foi algumas vezes criticado por ter centrado o Concílio na questão da Igreja, o que não é inteiramente justo. Esboçando o programa do Concílio, resumiu-o em quatro pontos: "o conhecimento ou, se preferirmos, a consciência da Igreja, a sua renovação, a restauração da unidade de todos os cristãos, o diálogo da "Igreja com a humanidade atual". Já aparecem dois pontos da Igreja em saída neste esboço.

Mas antes de direcionar a Igreja para fora, ele queria centrar o Concílio em Cristo:

> Onde começa nossa marcha [...]? Que caminho vamos seguir [...]? E que fim devemos dar ao nosso itinerário? [...] Três perguntas, capitais em sua extrema simplicidade, mas apenas uma resposta. E aqui, nesta hora solene, devemos proclamar esta resposta para nós mesmos e fazê-la ouvir o mundo que nos rodeia: é Cristo; Cristo que é o nosso princípio; Cristo que é o nosso caminho e o nosso guia; Cristo que é a nossa esperança e o nosso fim.

Pensar uma Igreja em saída, uma Igreja de encontro, pressupõe uma Igreja com identidade centrada. Se ela sair ao encontro de outros com uma identidade confusa, acabaremos apenas com o que foi chamado de "ajoelhar-se perante o mundo", em vez de um encontro real. Também poderia criar insegurança, que resultaria em um reflexo protetor, rigidez e endurecimento. Estar centrado em Cristo parece-me a condição indispensável para se pensar na Igreja em saída. Só pode haver diálogo se cada interlocutor puder trazer algo ao seu interlocutor.

Isso nos leva ao conceito-chave deste livro. Com efeito, além de propor esses três itinerários, a obra de Elias Wolff se estrutura em torno de um conceito central, o *diálogo*. Isso também lembra o Concílio Vaticano II, no qual o termo "diálogo", encontrado apenas duas vezes nas atas dos outros 20 concílios ecumênicos da história, é encontrado 28 vezes no *corpus* do Vaticano II. Só esta estatística chama a atenção para a importância deste conceito no Vaticano II, que acolhe, por esse fato, a Encíclica *Ecclesiam Suam*, que Paulo VI dedicou ao diálogo.

Para além do termo diálogo, encontramos a mesma ideia expressa por outros conceitos, sendo frequente no Concílio o uso do termo colóquio (33 ocorrências) para designar a realidade do diálogo. A ideia de diálogo deve, portanto, ser lançada por trás de uma série de outros termos, frases ou circunlóquios que descrevem o diálogo sem usar o termo. Pode-se reconhecê-la, por exemplo, na injunção feita aos membros da Igreja para expressarem sua opinião e no correlato dever dos párocos de ouvir o laicato e por eles aconselhar-se. Portanto, trata-se aqui de três ações que descrevem concretamente o que é o diálogo: expressar a opinião, ouvir, receber conselhos. O dever de escuta é apresentado pela primeira vez no n. 27 da *Lumen Gentium*, dedicado à função de governo do bispo. Esta afirmação tem sua recíproca no dever que os leigos têm de "manifestar seus sentimentos pelo bem da Igreja" (LG 37). O decreto *Christus Dominus* recorda aos bispos que devem escutar os seus sacerdotes para progredir rumo a uma pastoral integral na diocese. O Vaticano II propõe, portanto, práticas de diálogo, sem, contudo, recorrer ao termo diálogo ou colóquio. Isso é verificado, por exemplo, no decreto *Presbyterorum Ordinis*: "Que eles [os bispos] saibam ouvir [os sacerdotes] de bom grado, até mesmo consultá-los e falar com eles sobre as exigências do trabalho pastoral e o bem da diocese" (PO 8). Nesta passagem, o termo diálogo não é encontrado. No entanto, a realidade é encontrada ali através dos termos "ouvir" (*audiant*), "consultar" (*consultant*), "falar com eles" (*cum eis colloquantur*). A mesma obrigação aplica-se aos párocos que devem pedir conselho ao seu "vigário" (CD 30), enquanto o dever de ouvir também recai sobre os dicastérios romanos (CD 10): "os Padres Conciliares consideram muito útil que esses mesmos dicastérios ouçam (*audiant*) mais leigos, reconhecidos por suas qualidades, seus conhecimentos e sua experiência, para que estes leigos também desempenhem nos assuntos da Igreja o papel que lhes compete".

Pareceu-me que esta obra, em sua estrutura essencial e portanto em seu conceito, ajuda-nos a acolher o ensinamento do Concílio Vaticano II. Além disso, coloca em perspectiva o ensinamento do Papa Francisco, que não pode ser compreendido sem situá-lo na trajetória definida pelo Concílio.

Gilles Routhier
Université Laval, Quebec

REFERÊNCIAS

ACN-BRASIL. *Relatório sobre a liberdade religiosa – 2021*. Disponível em https://www.acn.org.br/principais-conclusoes-do-relatorio-de-liberdade-religiosa-no-mundo-2021/

AID TO THE CHURCH IN NEED [ACN International]. *Liberdade Religiosa no Mundo – Relatório 2021*. Disponível em https://acninternational.org/religiousfreedomreport/pt/home/

ALTMANN, W. Implicaciones ecuménicas da reforma da Cúria. *Concilium*, 5, p. 133-142, 2013.

AMALADOSS, M. *Pelas estradas da vida – Prática do diálogo inter-religioso*. São Paulo: Paulinas, 1996.

ANTON, A. *El misterio de la Iglesia.* Madri: BAC, 1986.

APOLOGIA da Confissão de Augsburgo. *Enchiridion Oecumenicum*. Bolonha: EDB, 1996, p. 58-328.

ARON, R. *Dimensions de la conscience historique.* Paris: Les Belles Lettres, 1965, p. 18.

AUGÉ, M. *Le sens des autres.* Paris: Fayard, 1994.

BENNÀSSAR, B.F. Ética *civil e moral cristã em diálogo – Uma nova cultura moral para sobreviver humanamente*. São Paulo: Paulinas, 2002.

BENTO XVI. Discurso ao arcebispo anglicano de Canterbury, Rowan Williams, em 23/11/2006. Disponível em https://www.vatican.va/content/benedict-xvi/pt/speeches/2006/november/documents/hf_ben-xvi_spe_20061123_archbishop-canterbury.html

BOFF, L. *Igreja, carisma e poder.* Petrópolis: Vozes, 1981.

BUBER, M. *Il principio dialógico e altri saggi*. Roma: San Paolo, 1993.

CATALANO, R. Pope Francis' Culture of Dialogue as Pathway to Interfaith Encounter: A Special Focus on Islam. *Religions*, v. 13, n. 279, 2022, p. 2-22. Disponível em https://doi.org/10.3390/ rel13040279

CERTAU, M. *L'Étranger ou l'union dans la différence*. Paris: Desclée de Brouwer, 1969.

CERTAU, M. *La Culture au pluriel*. Paris: Seuil, 1993.

CERTAU, M. *Le Lieu de l'autre – Histoire religieuse et mystique*. Paris: Seuil, 2005.

CNBB. *Comunidade de comunidades: uma nova paróquia – A conversão pastoral da paróquia*. Brasília: Ed. CNBB, 2014.

COMISSÃO INTERNACIONAL ANGLICANA-CATÓLICA ROMANA. *O dom da autoridade*. São Paulo: Paulinas, 1999.

COMISSÃO INTERNACIONAL CATÓLICO-LUTERANA. Il vangelo e la Chiesa. *Enchiridion Oecumenicum*. Vol. I. Bolonha: EDB, 1994a, p. 554-588.

COMISSÃO INTERNACIONAL CATÓLICO-LUTERANA. Il vangelo e la Chiesa. *Enchiridion Oecumenicum*. Vol. I. Bolonha: EDB, 1994b, p. 554-587.

COMISSÃO INTERNACIONAL CATÓLICO-LUTERANA. Autorità nella Chiesa I. *Enchiridion Oecumenicum*. Vol. VII. Bolonha: EDB, 1994c, p. 42-68.

COMISSÃO INTERNACIONAL CATÓLICO-LUTERANA. L'unità davanti a noi. *Enchiridion Oecumenicum*. Vol. I. Bolonha: EDB, 1994d, p. 752-823.

COMISSÃO INTERNACIONAL CATÓLICO-LUTERANA. Vie verso la comunione. *Enchiridion Oecumenicum*. Vol. I. Bolonha: EDB, 1994e, p. 654-692.

COMISSÃO INTERNACIONAL CATÓLICO-ORTODOXA, Il mistero della chiesa e dell'Eucaristia alla luce del mistero della Santa Trinità. *Enchiridion Oecumenicum*. Vol. I. Bolonha: EDB, 1994, p. 128-142.

COMISSÃO INTERNACIONAL METODISTA-CATÓLICA RO-MANA. *Verso uma dichiarazione sulla chiesa. Enchiridion Oecumenicum*. Vol. III. Bolonha: EDB, 1995, p. 711-738.

CONCÍLIO VATICANO II. *Documentos do Concílio Ecumênico Vaticano II.* São Paulo: Paulus, 1997.

CONGAR, Y. *Igreja e papado.* São Paulo: Loyola, 1997.

CONGREGAÇÃO PARA A DOUTRINA DA FÉ. *Communionis notio. Sedoc*, 25, p. 262-272, 1992.

CONGREGAÇÃO PARA A EVANGELIZAÇÃO DOS POVOS; PONTIFÍCIO CONSELHO PARA O DIÁLOGO INTER-RELIGIOSO. *Diálogo e Anúncio.* São Paulo: Paulinas, 1991.

CONGREGAÇÃO PARA A DOUTRINA DA FÉ. Notificação sobre o livro "Igreja: carisma e poder –Ensaios de eclesiologia militante", de Frei Leonardo Boff (11/03/1985). Disponível em https://www.vatican.va/roman_curia/congregations/cfaith/documents/rc_con_cfaith_doc_19850311_notif-boff_po.html.

CONSELHO MUNDIAL DE IGREJAS. III Assembleia plenária do CMI (Nova Delhi, 1961) – Relatório da III Seção. *Enchiridion Oecumenicum – Vol. V: Assemblee Generali 1949-1998*. Bolonha: EDB, 2001, p. 149-271.

DANIELOU, J. *Il mistero della savezza delle nazioni.* Bréscia: Morcelliana, 1954.

DANIELOU, J. *Il mistero dell'avvento*. Bréscia: Morcelliana, 1958.

DANIELOU, J. *I santi pagani dell'Antico Testamento.* Bréscia: Queriniana, 1988.

Declaração *Mysterium Ecclesiae*. Parte 1 (24/06/1973) Disponível em https://www.vatican.va/roman_curia/congregations/cfaith/documents/rc_con_cfaith_doc_19730705_mysterium-ecclesiae_po.html

DE LUBAC, H. *Surnaturel – Étude historiques.* Paris: Aubier, 1946.

DE LUBAC, H. *Saggio sul mistero dela storia – Aspetti del budhismo.* Milão: Jaca Book, 1980.

DUPUIS, J. *Verso una teología cristiana del pluralismo religioso*. Bréscia: Queriniana, 1997.

DUPUIS, J. *O cristianismo e as religiões: do desencontro ao encontro*. São Paulo: Loyola, 2004.

DUSSEL, E. *Para uma ética da libertação latino-americana – I: Acesso ao ponto de partida da ética*. São Paulo: Loyola, 1977.

FAMERÉE, J. Scambio di doni: Chiesa cattolica e Chiese orientali – Per um consenso differenziato. *In*: SPADARO, A.; GALLI, C.M. *La riforma e le riforme nella Chiesa*. Bréscia: Queriniana, 2016, p. 408-421.

FARQUHAR, J.N. *The Crown of Hinduism*. Londres: Oxford University Press, 1915.

FEDERAÇÃO PROTESTANTE FRANCESA. Documento de trabalho da assembleia do protestantismo (Grenoble, out./1971). *Sedoc*, p. 181, 1972.

FESQUET, H. *Diario del Concilio*. Milão: Mursia, 1967.

FRANCISCO. Discurso na vigília de Pentecostes com os movimentos eclesiais (18/05/2013). Disponível em https://www.vatican.va/content/francesco/pt/speeches/2013/may/documents/papa-francesco_20130518_veglia-pentecoste.html

FRANCISCO. Discurso no dia 27/07/2013 na Jornada Mundial da Juventude no Rio de Janeiro. Disponível em https://oglobo.globo.com/rio/leia-integra-da-homilia-do-papa-francisco-em-missa-na-catedral-metropolitana-9216746.

FRANCISCO. Carta ao jornalista italiano Eugenio Scalfari (2013). Disponível em https://www.vatican.va/content/francesco/pt/letters/2013/documents/papa-francesco_20130911_eugenio-scalfari.html

FRANCISCO. Discurso na reunião entre estudantes e professores da Pontifícia Universidade Gregoriana, do Pontifício Instituto Bíblico e do Pontifício Instituto Oriental (10/04/2014). Disponível em https://www.vatican.va/content/francesco/en/speeches/2014/april/documents/papa-francesco_20140410_universita-consortium-gregorianum.html

FRANCISCO. Speech during the Visit to the Grand Mufti of Jerusalem (26/05/2014). Disponível em https://www.vatican.va /content/ francesco/en/speeches/2014/may/documents/papa-francesco_ 20140526_terra-santa-gran-mufti-jerusalem.html

FRANCISCO. Visita à Igreja Pentecostal da Reconciliação (28/07/2014).Disponívelemhttp://w2.vatican.va/content/francesco/ pt/speeches/2014/july/documents/papa-francesco_20140728_ caserta-pastore-traettino.html

FRANCISCO. Discurso à Sua Santidade Mar Dinkha IV (02/10/2014). Disponível em http://w2.vatican.va/content/francesco/pt/speeches/ 2014/october/documents/papa-francesco_20141002_patriarca-chiesa-assira.html

FRANCISCO. Discurso aos colaboradores da Cúria Romana (22/12/2014). Disponível em http://w2.vatican.va/content/francesco/ pt/speeches/2014/december/documents/papa-francesco_20141222_ curia-romana.html

FRANCISCO. Discurso à Igreja Pentecostal da Reconciliação (2014a). Disponível em http://w2.vatican.va/content/francesco/pt/speeches/ 2014/july/documents/papa-francesco_20140728_caserta-pastore-traettino.html

FRANCISCO. Discurso na celebração do 50º aniversário do encontro em Jerusalém entre o Papa Paulo VI e o Patriarca Atenágoras (2014b). Disponível em http://w2.vatican.va/content/francesco/pt/ speeches/2014/may/documents/papa-francesco_20140525_terra-santa-celebrazione-ecumenica.html

FRANCISCO. Discurso aos participantes do colóquio ecumênico de religiosos e religiosas promovido pela Congregação para os Institutos de Vida Consagrada e as Sociedades de Vida Apostólica (24/01/2015). Disponível em w2.vatican.va/content/francesco/ pt/events/event.dir.html/content/vaticanevents/pt/2015/1/24/ religiosi.html

FRANCISCO. Discurso na comemoração do cinquentenário da instituição do sínodo dos bispos (17/10/2015). Disponível em https://

www.vatican.va/content/francesco/pt/speeches/2015/october/ documents/papa-francesco_20151017_50-anniversario-sinodo.html

FRANCISCO. Discurso no encontro inter-religioso em Nairobi (26/11/2015). Disponível em https://www.vatican.va/content/ francesco/pt/speeches/2015/november/documents/papa-francesco _20151126_kenya-incontro-interreligioso.html

FRANCISCO. Discurso à delegação da Igreja Luterana da Finlândia (18/01/2016). Disponível em http://w2.vatican.va/content/francesco/ pt/speeches/2016/january/documents/papa-francesco_20160118_ delegazione-luterana-finlandia.html

FRANCISCO. Discurso à delegação do Conselho Metodista Mundial (07/04/2016). Disponível em http://w2.vatican.va/content/francesco/ pt/speeches/2016/april/documents/papa-francesco_20160407_ consiglio-metodista-mondiale.html

FRANCISCO. Discurso a uma delegação da Comunhão Mundial das Igrejas reformadas (10/06/2016). Disponível em https://www.vatican. va/content/francesco/pt/speeches/2016/june/documents/papa-francesco_20160610_comunione-mondiale-chiese-riformate.html

FRANCISCO. Por uma cultura do encontro – Meditações na Capela Santa Marta (13/09/2016). Disponível em https://www.vatican. va/content/francesco/pt/cotidie/2016/documents/papa-francesco-cotidie_20160913_cultura-do-encontro.html

FRANCISCO. Discurso aos participantes da plenária do Pontifício Conselho para a Promoção da Unidade dos Cristãos (10/11/2016). Disponível em http://w2.vatican.va/content/francesco/pt/speeches/ 2016/november/documents/papa-francesco_20161110_plenaria-unita-cristiani.html

FRANCISCO. Encontro com a Cúria Romana (22/12/2016). Disponível em http://w2.vatican.va/content/francesco/pt/speeches/ 2016/december/documents/papa-francesco_20161222_curia-romana.html

FRANCISCO. Discurso para um grupo de líderes islâmicos oriundos da Inglaterra (05/04/2017). Disponível em https://www.vatican.

va/content/francesco/en/speeches/2017/april/documents/papa-francesco_20170405_leaders-musu lmani-granbretagna.html

FRANCISCO. Discurso aos participantes da Conferência Internacional pela Paz" (Cairo, 28/04/2017). Disponível em https://www.vatican.va/content/francesco/en/events/event.dir.html/content/vaticanevents/en/2017/4/28/egittoconferenzapace.html

FRANCISCO. Discurso à delegação palestina (06/12/2017). Disponível em https://www.vatican.va/content/francesco/pt/speeches/2017/december/documents/papa-francesco_20171206_dialogo-interreligioso.pdf

FRANCISCO. Encontro com o Conselho Supremo Shanga dos monges budistas – Discurso do Santo Padre à Comissão Estatal Sangha Maha Nayaka. Kaba Aye Center (29/11/2017). Disponível em https://www.vatican.va/content/francesco/pt/speeches/2017/november/documents/papa-francesco_20171129_viaggioapostolico-myanmar-monaci-buddisti.pdf

FRANCISCO. Discurso aos participantes da Conferência Internacional em prol da Paz. Cairo, 2017. Disponível em http://w2.vatican.va/content/francesco/pt/speeches/2017/april/documents/papa-francesco_20170428_egitto-conferenza-pace.html.

FRANCISCO. Discurso a uma delegação das religiões dármicas (16/05/2018). Disponível em https://www.vatican.va/content/francesco/pt/speeches/2018/may/documents/papa-francesco_20180516_religioni-dharmiche.pdf

FRANCISCO. Viagem apostólica aos Emirados Árabes Unidos – Encontro inter-religioso no Founder's Memorial (04/02/2019). Disponível em https://www.vatican.va/content/francesco/pt/speeches/2019/february/documents/papa-francesco_20190204_emiratiarabi-incontrointerreligioso.html

FRANCISCO. Discurso na Universidade Lateranence: "Caligrafia para o diálogo – Promover a cultura da paz através da cultura e da arte", em memória do Cardeal Jean-Louis Tauran (31/10/2019). Disponível em https://www.vatican.va/content/francesco/pt/

speeches/2019/october/documents/papa-francesco_20191031_mostra-calligrafia.html

FRANCISCO. Discurso a líderes cristãos e de outras religiões na Universidade Chulalongkorn, Bancoc (22/11/2019). Disponível em https://www.vatican.va/content/francesco/pt/speeches/2019/november/documents/papa-francesco_20191122_leaderreligiosi-thailandia.pdf

FRANCISCO. Discurso à delegação do Instituto Europeu de Estudos Internacionais (12/02/2021). Disponível em https://www.vaticannews.va/pt/papa/news/2021-02/papa-audiencia-instituto-europeu-estudos-internacionais-suecia.html

FRANCISCO. Discurso no encontro inter-religioso no Iraque (06/03/2021). Disponível em https://www.vatican.va/content/francesco/pt/speeches/2021/march/documents/papa-francesco_20210306_iraq-incontro-interreligioso.html#discurso_do_santo_padre

FRANCISCO. Discurso para o encontro de oração no Coliseu de Roma – Religiões e cultura em diálogo: "povos irmãos, terra futura" (07/10/2021). Disponível em https://www.vatican.va/content/francesco/pt/speeches/2021/october/documents/20211007-incontro-preghiera-perlapace.html

FRANCISCO. Discurso a embaixadores estrangeiros no Vaticano (10/01/2022). Disponível em https://www.terra.com.br/noticias/mundo/papa-francisco-critica-cultura-do-cancelamento,7a8f34307c70cc354f7e4c0e40d462e8jimokkvq.html

FRANCISCO. Constituição Apostólica *Praedicate Evangelium* – Sobre a Cúria Romana e o seu serviço à Igreja e ao mundo (19/03/2022). Disponível em https://press.vatican.va/content/salastampa/it/bollettino/pubblico/2022/03/19/0189/00404.html

FRANCISCO. Discurso na abertura da sessão plenária do VII Congresso de Líderes Mundiais e Religiões Tradicionais, Cazaquistão (13-15/09/2022). Disponível em https://www.vatican.va/content/francesco/pt/speeches/2022/september/documents/20220914-kazakhstan-congresso.html

FRANCISCO. Discurso no VII Congresso de Líderes Mundiais e Religiões Tradicionais. Cazaquistão (15/09/2022). Disponível em https://twitter.com/vaticannews_pt/status/1570399616457388035

FRANCISCO. Discurso aos membros do Muslim Counsil of Elders (04/11/2022). Disponível em https://www.vatican.va/content/francesco/pt/speeches/2022/november/documents/20221104-councilelders-bahrain.html

FRANCISCO; BARTOLOMEU I. Declaração conjunta do Papa Francisco e do Patriarca Ecumênico Bartolomeu (25/05/2014). Disponível em http://w2.vatican.va/content/francesco/pt/speeches/2014/may/documents/papa-francesco_20140525_terra-santa-dichiarazione-congiunta.html

FRANCISCO; GRÃO IMAME DE AL-AZHAR, AHMED AL-TAYYEB. Fraternidade humana em prol da paz mundial e da convivência comum (2019). Disponível em https://www.vatican.va/content/francesco/pt/travels/2019/outside/documents/papa-francesco_20190204_documento-fratellanza-umana.html

FRANCISCO; KAREKIN II. Declaração comum (24-26/06/2016). Disponível em http://w2.vatican.va/content/francesco/pt/speeches/2016/june/documents/papa-francesco_20160626_armenia-dichiarazione-congiunta.html

GALLI, C.M. La riforma missionaria della Chiesa secondo Francesco – L'ecclesiologia del popolo di Dio evangelizatore. *In*: SPADARO, A.; GALLI, C.M. *La riforma e le riforme nella Chiesa*. Bréscia: Queriniana, 2016, p. 37-65.

HABERMAS, J. *Communication and the Evolution of Society.* Boston: Beacon Press, 1979.

HABERMAS, J. *The Theory of Communicative Action: Reason and the Rationalization of Society*. Vol. 1. Cambridge: Polity Press, 1986.

HENN, W. Scambio di doni: la ricezione dei frutti del dialogo e da riforma della Chiesa. *In*: SPADARO, A.; GALLI, C.M. *La riforma e le riforme nella Chiesa*. Bréscia: Queriniana, 2016, p. 369-392.

HICK, J. *An interpretation of Religion – Human responses to the Transcendent*. New Haven: Yale University Press, 1989, p. 325.

HICK, J. *Metáfora do Deus encarnado*. Petrópolis: Vozes, 2000.

IMODA, F. *Psicologia e mistério – O desenvolvimento humano*. São Paulo: Paulinas, 1996.

INSEGNAMENTI di Paulo VI. Vol. VII. Cidade do Vaticano, 1969, p. 778s.

JOÃO PAULO II. *Motu proprio* Apostolos Suos (21/05/1998). Disponível em https://www.vatican.va/content/john-paul-ii/pt/motu_proprio/documents/hf_jp-ii_motu-proprio_22071998_apostolos--suos.html

JOÃO PAULO II; MAR DINKHA IV. Dichiarazione cristologica comune tra la Chiesa Cattolica e la Chiesa assira dell'Oriente (1994). Disponível em https://www.vatican.va/content/john-paul-ii/it/speeches/1994/november/documents/hf_jp-ii_spe_19941111_dichiarazione-cristologica.html

JOHANNS, P. *Vers le Christ par le Vedanta*. Ranchi: Catholic Press, 1938.

KASPER, W. Ciò che permane e ciò che muta nel ministero petrino. *Concilium*, 8, p. 43-58, 1975.

KASPER, W. *Il ministero petrino*: *cattolici e ortodossi in* dialogo. Roma: Città Nuova, 2004.

KLOPPENBURG, B. *A eclesiologia do Vaticano II*. Petrópolis: Vozes, 1971.

KNITTER, P. *Jesus e os outros nomes – Missão cristã e responsabilidade global*. São Bernardo do Campo: Nhanduti, 2010.

LEFEBVRE, S. El conflicto de las interpretaciones del Concilio: el debate entre Ratzinger y Kasper. *Concilium*, n. 314, p. 111-122, 2006.

LEGRAND, H. La comunione sinodale come chiav del rinnovamento del popolo di Dio. *In*: SPADARO, A.; GALLI, C.M. *La riforma e le riforme nella Chiesa*. Bréscia: Queriniana, 2016, p. 159-188.

LÉVINAS, E. *Totalidade e infinito*. Lisboa: Ed. 70, 1980, p. 36.

ODASSO, G. *Bibbia e religioni – Prospettive bibliche per la teologia delle religioni*. Roma: Urbaniana, 1998.

PACTO Educativo Global. *Vade Mecum* (12/11/2019). Disponível em https://www.educationglobalcompact.org/resources/Risorse/vademecum-portuges.pdf

PANIKKAR, R. *Il Cristo sconosciuto dell'Induismo*. Milão: Vita e Pensiero, 1970.

PANIKKAR, R. *The Unknown Christ of Hinduism – Toward na Ecumenical Christophany*. Londres: Longman/Darton and Todd, 1981.

PANNENBERG, W. *Revelation as History*. Londres: Macmillan, 1968, p. 3-21, 125-158.

PATRIOTA, K.R.M.P. O fragmentado sujeito pós-moderno e a religião midiática (2012). Disponível em https://pt.scribd.com/doc/72266330/o-fragmentado-sujeito-p-os-moderno-e-a-religi-ao-midi-utica

PAULO VI. Discurso na solene inauguração da 2ª sessão do Concílio Vaticano II (29/09/1963). Disponível em https://www.vatican.va/content/paul-vi/pt/speeches/1963/documents/hf_p-vi_spe_19630929_concilio-vaticano-ii.html

PIÉ-NINOT, S. Verso un *ordo communionis primatus* come primato diaconale. *In*: SPADARO, A.; GALLI, C.M. (eds.). *La reforma e le riforme nella Chiesa*. Bréscia: Queriniana, 2016, p. 293-308.

PORTELLA AMADO, J. Cidade, território e evangelização – O desafio de gerar comunidades em ambientes de mobilidade. *In*: INSTITUTO NACIONAL DE PASTORAL. *Pastoral Urbana: categorias de análise e interpelações pastorais*. Brasília: CNBB, 2010, p. 65-90.

POVOLETO, E. Pope Francis Urges More Interreligious Dialogue. *The New York Times*, 22/03/2013.

POWELL, J. *O segredo do amor eterno*. Belo Horizonte: Crescer, 1987.

QUEIRUGA, A.T. *O fim do cristianismo pré-moderno – Desafios para um novo horizonte*. São Paulo: Paulus, 2003.

QUEIRUGA, A.T. *Repensar a revelação*. São Paulo: Paulinas, 2010.

RAHHER, K. Storia del mondo e storia dela salvezza. *In: Saggi di antropologia sobranaturale*. Roma: Pauline, 1965.

RAHNER, K. *Curso fundamental da fé – Introdução ao conceito de cristianismo*. São Paulo: Paulinas, 1989.

Respostas a questões relativas a alguns aspectos da doutrina sobre a Igreja (02/05/2022). Disponível em https://www.vatican.va/roman_curia/congregations/cfaith/documents/rc_con_cfaith_doc_20070629_responsa-quaestiones_po.html

RIBEIRO, C.O. *O princípio pluralista*. São Paulo: Loyola, 2020.

SANTAGATA, A. *Terra, casa, lavoro*. Ed. Ponte alle Grazie, 2017.

SCHILEBEECKX, E. *Cristo, Sacramento do encontro com Deus*. Petrópolis: Vozes, 1968.

SCHILLEBEECKX, E. *The Church – The human story of God*. Nova York: Crossroad, 1990.

SCHILLEBEECKX, E. *História humana, revelação de Deus*. São Paulo: Paulus, 1994.

SECRETARIADO PARA OS NÃO CRISTÃOS. Diálogo e Missão. *Bulletin,* 56, 1984/2.

SKORKA, A.; BERGOGLIO, J. *Sobre el cielo y la tierra*. Buenos Aires: Sudamericana, 2011.

SOTO, D.P. El pensamiento social del Papa Francisco. *Franciscanum*, v. 58, n.166, p. 320-321, 2016.

SPADARO, A. Procuremos ser uma Igreja que encontra caminhos novos – Entrevista com o Papa Francisco (19/09/2013). Disponível em https://www.ihu.unisinos.br/noticias/523920-procuremos-ser-uma-igreja-que-encontra-caminhos-novos-entrevista-com-o-papa-francisco

SULLIVAN, A.F. In che senso la la Chiesa di Cristo "sussiste" nella Chiesa Cattolica Romana?" In: LATOURELLE, R. (ed.) *Vaticano II: bilancio e prospettive, venticinque anni dopo* (1962-1987). Vol. II. Assis: Citadella, 1988.

SULLIVAN, M. The Jesuit Spirituality of Pope Francis. *Spirituality*, 20, p. 295-300, 2014. Disponível em https://www.researchgate. net/publication/301660407_The_Jesuit_Spirituality_of_Pope_Francis

THOMAS, S.M. Towards a Culture of Encounter: St. Francis, Pope Francis, the Franciscan Tradition, and the Transformation of the Theory of International Relations. *In*: CALVO GÓMEZ, J.A.C.; TORRES JARRÍN, M. (orgs.). The culture of encounter: international relations, interreligious dialogue and peace. Salamanca/Estocolmo: European Institute of International Studies Press, 2020, p. 51-80.

TILLICH, P. *Christianity and the encounter of world religions.* Nova York: Columbia University Press, 1963, p. 4.

TILLICH, P. *Il futuro delle religioni.* Bolonha: Queriniana, 1970, p. 128.

TRACY, D. *Plurality and Ambiguity: hermeutics, religio, hope.* Nova York: Harper & Row, 1987.

VALDMAN, T. Lutero e la riforma della Chiesa. *In*: SAE – SEGRETARIATO ATTIVITÀ ECUMENICHE. *Ecumenismo anni '80: atti della XXI Sessione di formazione ecumenica organizzata dal Segretariato Attività Ecumeniche.* Milão: Segno, 1984, p. 85-93.

VON BALTHASAR, H.U. *Teologia della storia.* Bréscia: Morcelliana, 1969.

VON BALTHASAR, H.U. *Cristianismo e religioni universali.* Casale Monferrato: Piemme, 1987.

WHITEHEAD, A.N. *Process and Reality – An essay in cosmology.* Nova York: Free Press, 1957.

WOLFF, E. *Ministros do diálogo.* São Paulo: Paulus, 2004.

WOLFF, E. Elementos para uma espiritualidade do diálogo inter-religioso. *Pistis e Práxis*, v. 7, n. 1, p. 81-111, jan.-abr./2015. Aqui, p. 85-86.

XVI ASSEMBLEIA GERAL ORDINÁRIA DO SÍNODO DOS BISPOS. *Por uma Igreja sinodal: comunhão, participação e missão – Documento preparatório* (07/09/2021). Disponível em https://press. vatican.va/content/salastampa/it/bollettino/pubblico/2021/09/07/ 0540/01156.html#portogheseok

ÍNDICE REMISSIVO

Alteridade 5, 77, 95, 96, 97, 98, 99, 105, 120, 133, 146

Comunhão 22, 30, 36, 37, 42, 43, 44, 45, 46, 47, 48, 50, 51, 53, 55, 56, 57, 58, 67, 68, 70, 71, 73, 88, 114, 119, 128, 129, 130, 134, 143

Comunidade 9, 13, 22, 24, 27, 33, 35, 36, 37, 38, 39, 41, 42, 43, 44, 47, 48, 49, 53, 54, 55, 57, 58, 61, 62, 64, 66, 68, 69, 70, 81, 84, 85, 89, 102, 109, 118, 124, 128, 135, 138, 141, 146, 147

Conversão pastoral 16, 17, 26, 59, 64, 145

Cooperação 12, 17, 18, 37, 43, 45, 48, 55, 57, 60, 63, 67, 69, 71, 74, 76, 77, 88, 90, 94, 101, 107, 108, 109, 122, 141, 142, 143, 146, 148

Cristo 10, 18, 23, 24, 30, 31, 32, 34, 35, 37, 38, 39, 41, 42, 43, 45, 47, 48, 50, 51, 52, 54, 55, 56, 59, 60, 61, 63, 73, 81, 89, 90, 91, 92, 106, 110, 114, 115, 116, 117, 119, 128, 140, 150, 151

Cultura/Cultura do encontro 9, 10, 11, 12, 13, 17, 18, 19, 24, 53, 74, 75, 76, 79, 80, 81, 88, 89, 93, 94, 95, 97, 101, 106, 108, 109, 111, 112, 113, 117, 119, 120, 124, 127, 128, 129, 130, 131, 132, 133, 134, 135, 136, 138, 139, 143, 145, 146, 147, 148, 149

Diálogo 9, 10, 12, 13, 15, 17, 18, 19, 25, 31, 33, 34, 35, 37, 41, 48, 50, 51, 53, 54, 55, 57, 58, 65, 66, 67, 68, 71, 73, 74, 75, 76, 77, 88, 90, 92, 93, 94, 95, 97, 98, 99, 101, 102, 103, 105, 107, 108, 111, 112, 113, 114, 115, 116, 117, 119, 120, 121, 122, 125, 127, 128, 130, 132, 134, 135, 136, 138, 139, 141, 142, 143, 145, 146, 147, 148, 149, 151, 152

Diálogo ecumênico 11, 12, 17, 42, 46, 48, 56, 59, 65, 74, 133, 145, 147

Diálogo intercultural 127, 128, 129

Diálogo inter-religioso 11, 68, 75, 76, 94, 102, 105, 108, 111, 112, 115, 116, 133, 141

Ecologia/Casa Comum 10, 12, 13, 16, 18, 74, 112, 113, 121, 131, 132, 136, 137, 138, 139, 141, 146

Encontro 9, 10, 11, 12, 13, 17, 19, 25, 39, 43, 53, 57, 74, 75, 76, 77, 93, 94, 95, 97, 98, 100, 105, 109, 113, 114, 117, 118, 119, 120, 121, 127, 128, 129, 130, 131, 132, 133, 134, 135, 136, 139, 140, 146, 151

Espiritualidade 24, 27, 33, 34, 42, 79, 80, 81, 82, 100, 110, 113, 114, 139, 140

Fé 12, 15, 16, 17, 19, 23, 24, 25, 26, 29, 30, 31, 32, 33, 34, 35, 36, 38, 40, 41, 45, 46, 47, 48, 50, 54, 55, 56, 58, 59, 61, 63, 64, 65, 66, 68, 70, 71, 73, 74, 75, 80, 81, 84, 85, 87, 88, 89, 93, 95, 96, 97, 98, 100, 106, 107, 110, 111, 112, 114, 115, 116, 119, 120, 121, 122, 123, 124, 128, 133, 134, 135, 136, 137, 139, 140, 141, 142, 143, 147, 148

Francisco 10, 11, 12, 13, 15, 16, 17, 19, 21, 26, 27, 29, 30, 32, 33, 34, 35, 37, 38, 39, 40, 42, 43, 44, 50, 51, 52, 53, 54, 60, 62, 64, 65, 66, 67, 68, 70, 73, 74, 75, 76, 80, 81, 84, 85, 89, 93, 94, 95, 96, 97, 98, 99, 100, 101, 102, 103, 105, 106, 107, 108, 109, 111, 112, 113, 114, 117, 118, 119, 120, 121, 122, 123, 124, 125, 126, 129, 130, 131, 132, 133, 134, 135, 136, 137, 139, 142, 143, 145, 146, 147, 148, 153

Fraternidade 9, 10, 12, 16, 37, 74, 75, 76, 85, 88, 90, 95, 97, 100, 103, 107, 109, 124, 128, 129, 130, 132, 134, 139, 141, 143, 150

Globalização 62, 106, 129, 130, 132, 137, 139

Hierarquia das verdades 34, 35, 74

Igreja 9, 10, 11, 12, 13, 15, 16, 17, 18, 19, 21, 22, 23, 24, 25, 26, 27, 29, 30, 31, 33, 34, 35, 36, 37, 38, 39, 40, 41, 42, 43, 44, 45, 46, 47, 48, 49, 50, 51, 52, 53, 54, 55, 56, 57, 58, 59, 60, 61, 62, 63, 64, 65, 66, 67, 68, 69, 70, 71, 73, 74, 75, 76, 79, 80, 81, 87, 88, 89, 93, 94, 97, 98, 101, 102, 105, 106, 110, 111, 112, 115, 116, 117, 118, 119, 120, 129, 130, 133, 134, 135, 137, 139, 140, 141, 142, 143, 145, 146, 147, 148, 149, 150, 151, 152

Igreja em saída 12, 15, 16, 17, 18, 19, 21, 26, 29, 34, 36, 37, 38, 39, 42, 43, 47, 48, 52, 53, 54, 59, 60, 62, 63, 68, 73, 74, 79, 81, 98, 101, 105, 112, 118, 119, 120, 137, 139, 140, 141, 142, 143, 145, 146, 147, 148, 149, 150, 151

Justiça 23, 34, 63, 74, 88, 90, 95, 106, 108, 109, 110, 112, 114, 118, 121, 124, 125, 129, 131, 132, 136, 138, 139, 142, 143, 146, 148

Liberdade 22, 57, 79, 80, 83, 95, 96, 98, 106, 107, 108, 109, 110, 114, 118, 120, 134

Liberdade religiosa 25, 88, 95, 96, 98, 107, 108, 118, 133, 150

Missão 9, 10, 15, 16, 19, 22, 26, 30, 31, 33, 34, 36, 37, 39, 43, 44, 45, 48, 50, 51, 52, 53, 57, 59, 60, 61, 62, 63, 68, 69, 71, 73, 74, 75, 88, 101, 106, 115, 116, 117, 139, 140, 143

Papa 9, 10, 11, 12, 15, 16, 17, 19, 21, 26, 27, 30, 32, 33, 34, 35, 37, 38, 39, 42, 44, 45, 48, 50, 51, 53, 56, 57, 59, 60, 62, 64, 65, 66, 67, 68, 70, 73, 74, 75, 76, 80, 81, 84, 85, 89, 93, 94, 95, 96, 97, 98, 99, 100, 102, 105, 106, 107, 108, 109, 111, 112, 114, 117, 118, 120, 121, 122, 123, 124, 125, 130, 131, 132, 133, 134, 137, 138, 139, 142, 143, 145, 146, 147, 148, 150, 153

Paz 13, 35, 37, 58, 60, 63, 74, 88, 90, 96, 106, 108, 110, 112, 114, 118, 121, 124, 129, 131, 136, 141, 142, 143, 146, 147, 148

Periferia 10, 62, 63

Plural/pluralidade 48, 53, 56, 73, 79, 93, 95, 97, 101, 102, 103, 118, 119, 120, 122, 126, 133, 142, 145, 146, 147, 148

Pluralismo cultural 25

Pluralismo eclesial 38, 43, 68

Pluralismo religioso 25, 75, 76, 92

Pobre/pobreza 22, 76, 106, 107, 114, 120, 124, 137, 139, 141, 146

Povo de Deus 10, 12, 25, 36, 45, 46, 47, 54, 55, 59, 68, 69

Promoção humana 116

Reforma 73, 74, 94, 145

Reino 16, 22, 24, 26, 31, 36, 40, 43, 54, 56, 61, 88, 89, 101, 110, 114, 115, 116, 117, 131, 140

Religiões 9, 10, 12, 13, 17, 18, 25, 37, 60, 62, 74, 75, 76, 79, 81, 82, 83, 84, 85, 87, 88, 89, 90, 91, 92, 93, 94, 97, 99, 100, 101, 102, 103, 107, 108, 109, 110, 111, 112, 113, 114, 115, 116, 117, 118, 119, 120, 121, 122, 123, 124, 125, 126, 136, 142, 143, 145, 146, 148, 149

Sínodo/sinodal/sinodalidade 11, 12, 13, 15, 16, 37, 45, 48, 49, 51, 53, 54, 55, 56, 57, 63, 64, 65, 67, 68, 74, 94, 99, 105, 111, 112, 146

Solidariedade 88, 106, 110, 118, 128, 129, 130, 140, 141

Vaticano II 9, 10, 12, 16, 17, 18, 21, 22, 25, 26, 29, 31, 34, 36, 37, 38, 39, 41, 42, 44, 53, 56, 60, 65, 69, 70, 73, 83, 87, 88, 90, 92, 95, 97, 105, 107, 110, 111, 116, 143, 145, 147, 149, 151, 152, 153

Conecte-se conosco:

- **f** facebook.com/editoravozes
- **◉** @editoravozes
- **🐦** @editora_vozes
- **▶** youtube.com/editoravozes
- **🟢** +55 24 2233-9033

www.vozes.com.br

Conheça nossas lojas:

www.livrariavozes.com.br

Belo Horizonte – Brasília – Campinas – Cuiabá – Curitiba
Fortaleza – Juiz de Fora – Petrópolis – Recife – São Paulo

EDITORA VOZES LTDA.
Rua Frei Luís, 100 – Centro – Cep 25689-900 – Petrópolis, RJ
Tel.: (24) 2233-9000 – E-mail: vendas@vozes.com.br